rowohlts monographien
begründet von Kurt Kusenberg
herausgegeben
von Wolfgang Müller

Paul Hindemith

mit Selbstzeugnissen
und Bilddokumenten
dargestellt von
Giselher Schubert

Rowohlt

Dem Andenken meiner Eltern

Dieser Band wurde eigens für «rowohlts monographien» geschrieben
Den Anhang besorgte der Autor
Herausgeber: Kurt und Beate Kusenberg
Assistenz: Erika Ahlers
Schlußredaktion: K. A. Eberle
Umschlagentwurf: Werner Rebhuhn
Vorderseite: Paul Hindemith. Fotografie aus dem Jahre 1930
Rückseite: Zeichnung von Paul Hindemith

Veröffentlicht im Rowohlt Taschenbuch Verlag GmbH,
Reinbek bei Hamburg, Oktober 1981
Copyright © 1981 by Rowohlt Taschenbuch Verlag GmbH,
Reinbek bei Hamburg
Alle Rechte an dieser Ausgabe vorbehalten
Satz Times (Linotron 404)
Gesamtherstellung Clausen & Bosse, Leck
Printed in Germany
1080-ISBN 3 499 50299 2

14.–16. Tausend Februar 1990

Inhalt

Konzertprobe in London, November 1958

Kindheit und Jugend

Paul Hindemiths Vater Robert Rudolf Emil Hindemith (1870–1915) entstammte einer alteingesessenen schlesischen Familie von Kaufleuten und Handwerkern. Zu keiner Zeit hat er seiner eigenen Familie eine sorgenfreie Existenzgrundlage sichern können. Die Schuld für dieses Versagen, unter dem er litt, suchte er in seiner eigenen Kindheit: «Ich habe an mir selbst erfahren, und jetzt wo ich so alt bin, sehe ich erst recht ein, wie verderblich es ist, wenn ein Kind so früh aus dem Elternhaus kommt, traurig genug, wenn die Notwendigkeit da ist, wie bei mir es war, eine Stiefmutter etc. etc. etc.»[1]* Robert Rudolf soll von zu Hause davongelaufen sein[2], als sein Vater Carl Wilhelm Paul Hindemith (1835–1901), ein geachteter Kaufmann und Ratsherr im schlesischen Naumburg an der Queis, sich seinem heißen Wunsch widersetzte, Musiker zu werden.

Robert Rudolf wurde Maler und Anstreicher; in seiner Freizeit spielte er begeistert Zither. Ins Hessische verschlagen, heiratete er Maria Sophie Warnecke (1868–1949), die aus einer Familie von Schäfern kam, und betrieb glücklos einen Weißbinderladen, zunächst in der näheren Umgebung Frankfurts (Hanau, Niederrodenbach, Mühlheim am Main), dann seit 1905 in Frankfurt. Das erste, am 16. November 1895 in Hanau geborene Kind nannten sie Paul nach Robert Rudolfs Vater; 1898 folgte die Tochter Toni; 1900 kam der zweite Sohn Rudolf zur Welt.

Paul Hindemiths Vater muß für seine Kinder wohl gleich den Musikerberuf bestimmt haben, denn er unterwarf sie schon in ihrer frühesten Kindheit einem erbarmungslosen musikalischen Drill. «Ich habe einmal in meinem Leben», berichtet er stolz in dem bereits zitierten Brief, «unseren ältesten [also Paul] mit 3 Jahren zu meinen Eltern gegeben bis zu 6 Jahren. Wie ich den Jungen fortgab, hatte ich ihn in punkto Gehör & Musik recht schön hoch geschafft & und wie ich ihn zur Schule holte, war der Junge total verdorben. Trotzdem waren meine Eltern feine gebildete Leute, aber sie waren alt & das Enkelchen war dort so ein junger Herrgott, das hat der Bengel die erste Zeit büßen müssen, bis der Pfiff wieder drinnen war.»

* Die hochgestellten Ziffern verweisen auf die Anmerkungen S. 129f.

Der Vater Robert Rudolf Hindemith

Die Jahre 1899 bis 1902 bei den Großeltern in Naumburg waren für Paul die einzige glückliche Zeit in seiner Kindheit. Mit «peinlicher Aufsicht», «haarscharfer Kontrolle» und «colossal strengem Drill von frühestem Alter an» wollte der Vater seinen Kindern den sozialen Aufstieg aus eigener Kraft sichern, den er für sich selbst vergeblich erträumt hatte. «Ich verlange, das merke Dir», schreibt er noch dem achtzehnjährigen Paul, «vom wahren Künstler asketische Strenge gegen sich selbst, eben deshalb heißt es, soll der Künstler neben dem König stehen, weil er als Mensch sich so in der Gewalt haben muß.»[3] So war es für Robert Rudolf wohl schon ein Erfolg, daß die drei Kinder in zahlreichen Dörfern seiner oberschlesischen Heimat (aber nicht in Frankfurt selbst) als das «Frankfurter Kindertrio»[4] auftraten – Paul und Toni spielten Violine, Rudolf Cello; der Vater soll bei einigen Stücken auf der Zither begleitet haben –, ohne daß sie offenbar bereits regelmäßigen Musikunterricht erhielten. Denn in diesen bescheidenen Erfolgen seiner Kinder mit selbstverfaßten Bearbeitungen gängiger Unterhaltungsmusik fühlte sich Robert Rudolf endlich bestätigt. Es ist kaum anzunehmen, daß er das ungewöhnliche musikalische Talent seiner Söhne anerkannte, vielleicht hat er es nicht einmal erkannt.

Pauls erster Musiklehrer wurde schließlich ein gewisser Eugen Reinhardt in Mühlheim am Main, und nach dem Umzug der Familie nach

Die Mutter Maria Sophie Hindemith, geb. Warnecke

Frankfurt (1905) in die Frankenallee übernahm die Schweizer Geigerin Anna Hegner seine musikalische Ausbildung. Sie empfahl ihn 1907 an den weithin geachteten Geiger Adolf Rebner, der Lehrer am Hochschen Konservatorium, Konzertmeister im Opernorchester und Primarius eines Streichquartetts war. Bis zu Pauls Volksschulabschluß (1908) unterrichtete Rebner ihn als Privatschüler.

Zum Wintersemester 1908/09 vermittelt Rebner seinem Schüler eine Freistelle an Dr. Hochs Konservatorium in Frankfurt, eine der geachtetsten Einrichtungen ihrer Art in Deutschland. Diese hatte eine streng konservative Direktionszeit des Brahms-Freundes Bernhard Scholz hinter sich, in der sie immerhin ihren Ruf festigte, den sie mit Lehrkräften wie Clara Schumann oder Julius Stockhausen erworben hatte, und öffnete sich nun unter der Leitung von Iwan Knorr neueren Musikströmungen. Paul konzentriert sich in den ersten sieben Semestern auf sein Geigenspiel; Rebner erinnert sich später an die seiner «Jugend fast widersprechende Geduld», mit der er, vom Vater offensichtlich peinlich kontrolliert, die «Studienwerke von Kreutzer, Rhode, Fiorillo und Ševčík»[5] durcharbeitete. Die konventionellen Programme seiner obligatorischen Vortragsabende belegen einen stetigen Fortschritt, der auf Hindemiths großer Begabung und seinem ungewöhnlichen Fleiß gründete.[6] In seinem Geigenspiel, das durch einen großen tragenden Ton, einen durchdachten, ausdrucksvollen Vortrag und eine mühelose Technik charakterisiert ist, melden sich Konstanten seiner ästhetischen Einstellung an, die einer aufdringlichen Brillanz oder einer überredenden sinnlichen Süße mißtraut: Uneingeschränkt bewundert er schon damals das Violinspiel von Adolf Busch, während er Henri Marteau, bei dem er in Berlin als Stipendiat hätte studieren können, verachtet[7] (sein späterer Quartett-Genosse Licco Amar ist dagegen Marteau-Schüler).

Pauls Talent und vor allem seine charakterlichen Eigenschaften, die – im Gegensatz zum eher «sprunghaften», als Instrumentalist nicht weniger begabten Bruder – als zuverlässig, verantwortungsbewußt und zurückhaltend beschrieben werden, ließen ihn bald dem freudlosen häuslichen Umkreis entwachsen. Er tat sich mit Kameraden aus dem Konservatorium zum «Urian-Club»[8] zusammen, hauptsächlich um sich *zu amüsieren*,

Der Sechsjährige

«Das Frankfurter Kindertrio» mit den Eltern, 1905

suchte und fand engen Kontakt zu etablierten bürgerlichen Familien (Ronnefeldts in Frankfurt, Webers in Aarau/Schweiz), die ihn nicht nur materiell unterstützten. In Ronnefeldt, Gustav Weber, dem Altphilologen Carl Schmidt aus Friedberg (Hessen) und später in seinem ersten Kompositionslehrer Arnold Mendelssohn sowie in dem Regimentskommandeur Graf von Kielmannsegg fand er väterliche Freunde, denen er sich eng anschloß. Das prekäre Verhältnis zum eigenen Vater und zu der falschen oder angemaßten Autorität seiner Lehrer[9] sublimierte er in zahlreichen, ohne jegliche literarische Intention verfaßten kleinen Sketchen und Opernparodien (*Winter 1919; Der Bratschenfimmel, Der verschleierte Raub* usw.), die er mit seinen Freunden aus dem «Urian-Club» aufführte. Noch als zweiundzwanzigjähriger Konzertmeister an der Oper und Komponist der *Drei Gesänge für Sopran und großes Orchester* op. 9 spielt er ungewöhnlich ausdauernd mit den Kindern der Familie Ronnefeldt Puppentheater, vor allem nach Stücken des Grafen Pocci, für das er wie selbstvergessen eine geradezu dilettantische Musik schreibt; sein Le-

11

Anna Hegner

ben lang fertigt er skurrile, groteske Zeichnungen an (nach dem Zeugnis der Schwester soll Paul sogar kurz zwischen Malerei und Musik geschwankt haben) und spielt leidenschaftlich gern mit der Eisenbahn. Zugleich zeigt er ungewöhnlich intensive bibliophile Neigungen: Seinen ganzen Ehrgeiz legt er in die Vervollständigung seiner *nicht großen, aber schönen* Bibliothek [10].

Erst seit Herbst 1912 ergänzen Kontrapunkt und Kompositionslehre Hindemiths Ausbildung (1914/15 treten Partiturspiel bei Karl Breidenstein, 1915/16 Dirigieren bei Fritz Bassermann hinzu). Sein erster Kompositionslehrer, der als Komponist vergessene, imposante, universal gebildete Arnold Mendelssohn (1855–1933), *hat mir einen vernünftigen Satz beigebracht*, bekennt Paul bereits 1913; er habe ihn gelehrt, *das, was ich früher gelernt hatte, auszubeuten und zu verwerten* [11]. Mendelssohn hat demnach konzessionslos auf einer satztechnischen und formalen Logik der im Unterricht angefertigten Kompositionen bestanden. Hindemith, der bislang nur kleine, belanglose Klavierstücke, Trios und Sonaten in einer allerdings erstaunlich großen Anzahl angefertigt hatte, empfand das zunächst offenbar als bedrückende Last und Disziplinierung. *Man bemerke, wie der jugendliche Komponist das Thema ausnutzt und in jeder Beleuchtung zur Sprache bringt*, heißt es in einer Anmerkung zu endlosen Sequenzen eines Taktmotivs in der Parodie-Oper *Der verschleierte Raub*. So war er denn auch unzufrieden mit seinen Kompositionen, die er bei Mendelssohn begonnen hatte und die heute leider verschollen sind; er trug sie dennoch in sein Werkverzeichnis als erste vollendete Kompositionen ein, versah sie aber nicht mit einer Opus-Zahl. Zu *Thema mit Variationen in Es dur* für Klavier heißt es dort: *Endlos daran herumgearbeitet. Ich konnt's dem Alten* [Mendelssohn] *kaum recht machen.* Das *Große Rondo in B dur* für Klarinette und Klavier ist nie ganz fertig *geworden; zu viel daran herumgebosselt.* Die *Sonate in d moll* für Klavier und Violine *habe ich schon während der Arbeit nicht gerne gehabt, aber der Alte bestand darauf, daß ich es fertig mache.* Doch seine letzte bei Mendelssohn in Angriff genommene Komposition, das Singspiel *Der Vetter auf Besuch* nach Wilhelm Busch, hat er nicht mehr vollendet: *Gott, wie kam ich mir vor, als ich zum ersten Mal eine Orchesterpartitur anfing. Schon nach den*

Paul Hindemith 1910

Arnold Mendelssohn

ersten zwanzig Seiten verachtete ich mich und diese Sorte Musik und so wurde das Stück nie ganz fertig – gottlob.

Mendelssohn erkrankt im Oktober 1913, und als Bernhard Sekles die Ausbildung übernimmt, klagt Paul Hindemith: *Prof. Mendelssohn versteht es besser, einem die Sache klarzulegen, und hilft einem und arbeitet selbst mit, als wenn er auch noch mit uns lernen würde. Hoffentlich kommt er nach Neujahr wieder.*[12] Indessen blieb von nun an Sekles sein Kompositionslehrer.

Sekles (1872–1934), kompositorisch moderner eingestellt als Mendelssohn, dessen Kompositionen aber ebenfalls vergessen sind und der nur durch einige bedeutende Schüler (Rudi Stephan, Hans Rosbaud, Ottmar Gerster, Theodor W. Adorno) erwähnenswert geblieben ist, hat Hindemiths Kompositionstalent sogleich erkannt; *er nennt mich immer «Herr College», weil ich jetzt vollendete Kompositionen bringe, während meine Arbeiten bis vor kurzem unvollkommen waren*, schreibt Paul und entdeckt überrascht seine neu gewonnene kompositorische Einstellung: *Seit einiger Zeit neige ich zu einer ganz anderen Kompositions-Richtung; ich will einmal sehen, wo das noch hinausläuft.*[13] Obwohl sich hier erstmals das eigene Kompositionstalent ankündigt, erklärt Hindemith sich die oft hinter einer distanzierenden Ironie verborgene, aufrichtige Kollegialität Sekles' doch noch als einen Mangel in der erwarteten kompositorischen Anleitung. Hans Rosbaud, zu jener Zeit Studienkamerad Hindemiths, erinnert sich: «Sekles war ein witziger Geist. Er verstand es, mit wenigen Worten Probleme deutlich und scharf zu umreißen. So saßen wir also begeistert bei Sekles im Kontrapunktunterricht ...»[14] Hindemith dagegen schreibt abfällig: *Im Kontrapunkt machen wir 2-stimmige Klavierfugen. Da ist es bei Sekles ziemlich langweilig.*[15] Wahrscheinlich suchte Hindemith, der Mendelssohns Strenge bespöttelte, jetzt dort noch Anleitung oder Reglementierung, wo Sekles nicht mehr helfen konnte oder wollte. Hindemiths bei Mendelssohn angefertigte Kompositionen sind offenbar aus dem Unterricht herausgewachsene, unselbständige Studien; die Kontrapunktübungen bei Sekles dagegen entwickeln sich zu selbständigen Kompositionsskizzen. Hindemith konzentriert sich in diesen Übungen auf das bestimmte, vorgegebene satztechnische Problem, das er möglichst vollständig zu lösen versucht. Er durchdenkt beispielsweise bei Engführungsfugen sämtliche Möglichkeiten der thematischen Engführung; die Ausarbeitung der Fuge selbst schien ihm dann der Mühe nicht mehr wert zu sein.

Die Ansicht, der Wechsel von Mendelssohn, der ihn «gewähren» ließ, zu dem auf «Leitbilder» hinweisenden Sekles habe in Hindemith eine Krise ausgelöst[16], dürfte kaum zutreffen. Mendelssohn hat wohl eher auf eine folgerichtige Anordnung der musikalischen Gedanken, Sekles ergänzend auf die großformalen Proportionen des ganzen Werkes gedrungen. Zudem kann der kompositorische Ertrag dieser Jahre 1914/15 mit dem *Streichquartett* op. 2 und dem *Cellokonzert* op. 3 nur dann gering

Notenblatt aus der Parodieoper «Der verschleierte Raub»

Bernhard Sekles

geschätzt werden, wenn übersehen wird, daß Hindemith sich in jenen Jahren gezwungen sah, durch sein Geigenspiel finanziell zum Lebensunterhalt der Familie beizutragen. Die Komposition betrieb er noch nicht intensiv, vielleicht auch deshalb, weil er sich noch nicht als Komponist verstand.

Bereits in den Sommerferien 1913 spielte er in Kurkapellen auf dem Bürgenstock (Schweiz) und in Lugano, und ab Dezember 1913 nahm er eine Stelle als Konzertmeister im Frankfurter «Neuen Theater» an, das ausschließlich Operetten – *der konzentrierteste Blödsinn*[17], klagt er – aufführte. Diese Tätigkeit gab er offenbar erst auf, als er eine Anstellung im Orchester der Frankfurter Oper bekam. Pfingsten 1914 riskiert Paul Hindemith einen Bruch mit der Familie; wohl wegen seiner Mutter und der Geschwister ist er jedoch zurückgekehrt. In den Sommerferien 1914 schließt er sich wieder einer Kurkapelle in Heiden (Schweiz) an; hier überrascht ihn der Ausbruch des Ersten Weltkrieges. Sein Vater meldet sich fünfundvierzigjährig sofort freiwillig an die Front und fällt am 25.

September 1915 in Flandern. Unter der Vorstellung, der Vater könne plötzlich vor der Tür stehen, soll Hindemith lange Zeit gelitten haben.

Paul, der sich für seine Mutter und seine Geschwister verantwortlich fühlt, unterrichtet private Geigenschüler, vertritt vorübergehend seinen Lehrer Rebner im Konservatorium, hat lawinenartig anwachsenden Konzertverpflichtungen in der Frankfurter Umgebung nachzukommen und wird Mitglied im Rebner-Quartett, in dem er abwechselnd zweite Geige oder Bratsche spielt. In seinen Briefen klagt er über ständige Arbeitsüberlastung: *Das verflossene Studienjahr* [1914/15] *war für mich eine Zeit der anstrengendsten Arbeit. Im Frühjahr habe ich im hiesigen großen Saalbau (Frankfurter Tonhalle) das Beethovenkonzert mit großem Erfolg gespielt. Ich habe viel daran schaffen müssen. Danach stand ein Kompositionsabend im Konservatorium in Aussicht, an dem mein Streichquartett* [op. 2] *aufgeführt werden sollte. Da ich jedoch dasselbe erst bis zur Hälfte fertig hatte, hatte ich noch fabelhaft zu tun, wenn ich die Sache zum festgesetzten Zeitpunkt fertig bringen wollte. Es gelang, jedoch unter Aufopferung jeder verfügbaren Minute. Jede Nacht saß ich bis 2 oder 3 Uhr und schrieb Noten... Nach diesen Arbeitsnächten, von denen ich das Zittern in allen Knochen und einen halbverrückten Schädel bekommen hatte, begannen die entnervenden Proben für das Stück... Die Sache ging aber auch nicht ohne Schaden für mich ab: ich mußte mich 3 Wochen ins Bett legen, weil ich total mürbe war. Diese viele Arbeit noch einmal – das hielt ich nicht mehr aus.*[18]

Aus einem Kontrapunkt-Übungsheft

Die Unterrichtsstunden am Konservatorium, die erst 1917 ihr nominelles Ende finden, schränkt Hindemith ein, als er zum 24. Juni 1915 als erster Geiger, dann zum 1. September 1915 als erster Konzertmeister im Frankfurter Opernorchester angestellt wird. Das obligatorische Probespiel zeigt ihn ganz auf der Höhe seiner geigerischen Kunstfertigkeit: *Am Donnerstag absolvierte ich noch einmal ein Probespiel, wo außer den genannten Herren noch der Amsterdamer Kapellmeister Willem Mengelberg (Leiter der hiesigen Museumskonzerte) und eine Menge unserer Orchestermitglieder da waren. Ich spielte Mendelssohn, Brahms und Bach. Es ging alles gut, aber Mengelberg, ein mir durchaus unsympathischer, rothaariger Mensch, wollte mir absolut die Stelle nicht zuerkennen, «weil ich viel zu jung» sei, ich habe aber gehört, daß er einen anderen Geiger dafür in petto hatte. Als ich dann noch äußerst schwierige Stellen aus der Salome vorgelegt bekam (die ich nie gesehen hatte) und sie glatt vom Blatt spielte, konnte er natürlich auch nichts mehr einwenden.*[19]

Hindemith teilt seine später revidierte Aversion gegen Mengelberg, den unermüdlichen Vorkämpfer von Richard Strauss und Gustav Mahler, mit dem damals in Frankfurt wirkenden einflußreichen Musikkritiker Paul Bekker (Adorno hielt ihn für den bedeutendsten Musikkritiker zwischen den beiden Weltkriegen), dem die Museumsgesellschaft aufgrund

Die Mitglieder der Kurkapelle. Hindemith vorn, 2. v. links

Ludwig Rottenberg

«gehässiger» und «bösartiger» Kritiken – Mengelberg: «ein Berg von Mängeln» – die Pressekarten für ihre Veranstaltungen entzog.[20] Die sich mit Bekker solidarisierende regionale und überregionale Kritik boykottierte daraufhin acht Jahre lang (1912/13–1920/21) die Konzerte der Gesellschaft. Uneingeschränkt dagegen bewunderten sowohl Hindemith als auch Bekker den von Brahms und von Bülow an die Frankfurter Oper empfohlenen ersten Kapellmeister jener Jahre, Ludwig Rottenberg (1864–1932). Er verhalf Schreker zum Durchbruch, brachte die deutschen Erstaufführungen der Opern von Debussy, Dukas, Delius und Bartók in Frankfurt heraus und galt vor allem als vorbildlicher Mozart-Interpret (er pflegte auch den ersten Akt der «Walküre» auswendig zu dirigieren). Wurde Mengelbergs Frankfurter Wirken von der Presse ignoriert, so verblaßten Rottenbergs Leistungen rasch durch die wesentlich glanzvolleren von Clemens Krauss, der ab 1924 in Frankfurt als Intendant der Oper wirkte.

Emma Lübbecke-Job

Als Unterhaltungsmusiker in Kurkapellen, Konzertmeister im «Neuen Theater», das auf Operetten spezialisiert war, und im Opernorchester, das zugleich die repräsentativen Symphoniekonzerte der Frankfurter Museumsgesellschaft und des Cäcilienvereins betreute, als Mitglied des Rebner-Quartetts und ein geradezu besessen Violine, Bratsche oder Klavier spielender Kammermusikpartner seiner Freunde, sah sich Hindemith mit dem gesamten, primär das 19. Jahrhundert umfasssenden musikalischen Repertoire des in Frankfurt dominierenden, gehobenen Bürgertums konfrontiert. Mengelberg und Rottenberg hatten es zusätzlich um die Moderne der Jahrhundertwende (Strauss, Mahler, Schreker, Delius, Debussy) erweitert. Diese Tradition beherrscht auch Hindemiths Jugendwerke op. 1–9, die unter Aufsicht Sekles' entstanden oder doch zumindest mit ihm durchgesprochen sind und von denen lediglich die *3 Stücke für Cello und Klavier* op. 8 zu Hindemiths Lebzeiten publiziert worden sind. Den Hintergrund dieser Werke – sieht man einmal ab von den in den Ferien komponierten *7 Liedern in Aargauer Mundart* op. 5 und den sich an Brahms orientierenden Walzern für Klavier zu vier Händen *Drei wunderschöne Mädchen im Schwarzwald* op. 6 (1916) – bildet die von Sekles geförderte Haltung einer musikalischen Fortschrittlichkeit im Sinne der Jahrhundertwende. So zielen alle diese Werke ins Großformatige, und selbst die Kammermusik folgt nicht so sehr einer abstrakten Idee ihrer Gattung, sondern ist eher von der Orchestermusik als der repräsentativen musikalischen Gattung jener Zeit her konzipiert. Das zwei-sätzige *Trio für Klarinette, Horn und Klavier* op. 1, dessen *Scherzo* Hinde-mith für *hochmodern und erstklassig* hielt, löst vorrangig klangliche, nicht satztechnische Probleme. Auch das *Streichquartett* op. 2 ist alles andere als akademisch und trocken: *Den ersten Satz,* kommentiert Hindemith im Werkverzeichnis, *habe ich bald verachtet, weil er so altmodisch war – aber stolz war ich besonders auf die beiden letzten.*

Das *Konzert für Violoncello mit Begleitung des Orchesters* op. 3 und die zum Gedächtnis an Christian Morgenstern geschriebene programmati-sche *Lustige Sinfonietta* op. 4 (1916) zeigen in der großformalen Disposi-tion verwandte Züge: Der letzte Satz geht jeweils aus dem vorletzten un-mittelbar hervor und exponiert noch einmal das Hauptthema des ersten Satzes. In beiden Werken scheint sich eine analoge musikalische Einstel-lung gleichsam entgegengesetzt zu aktualisieren: Im *Cellokonzert*, das der Tradition der Virtuosenkonzerte des 19. Jahrhunderts folgt, ist sie auf-trumpfend und effektvoll ausgearbeitet; in der *Lustigen Sinfonietta* dage-gen, die Hindemith höher einschätzte, karikiert und distanziert er: Der erste Satz bezieht sich auf Morgensterns *Die Galgenbrüder* – das als Durchführung dienende Fugato nennt Hindemith *Das große Lalula –*, der zweite Satz schildert *zoologische Merkwürdigkeiten*, der dritte Variations-satz ist *Palmström* gewidmet, der vierte bleibt programmatisch unfixiert. Das *Cellokonzert* erlebte zu Hindemiths Lebzeiten nur eine einzige, von ihm selbst am 28. Juni 1916 geleitete Aufführung im Konservatorium; die *Sinfonietta* wurde erst 1980 uraufgeführt.

Das leider verschollene *Klavierquintett* op. 7 und die 1974 uraufgeführ-ten *Drei Gesänge für Sopran und großes Orchester* op. 9 (1917) hat Hinde-mith als die Höhepunkte seiner Jugendwerke angesehen. In dem einsätzi-gen Quintett – *ohne Rücksicht auf überlieferte Form, auf den so sehr ge-rühmten «Kammermusikstil»* gearbeitet – überträgt er nun die formalen und klanglichen Errungenschaften der modernen Orchesterliteratur voll-ständig in den Bereich der Kammermusik. *Ihr müßt das Stück so spielen,* schreibt er an seine Freundin Emma Lübbecke-Job, die den jungen Hin-demith durch ihre Interpretationen entscheidend förderte, *daß die Zuhö-rer von einer Raserei ergriffen werden. Beim Hören darf man keinen Au-genblick zur Ruhe kommen. Selbst die wenigen ruhigen Stellen müssen etwas beängstigend Gewitterschwangeres an sich haben. Vor allen Dingen darf das Stück nicht wie ein ordnungsgemäß gesetztes Quintett mit I. und II. Thema usw. klingen. Es muß an einem vorüberziehen wie eine farbenrei-che Improvisation. Gespenster und Drachen, Bergstürze, Kämpfe, Blut, Bäume, Wälder, Sonne und Sommer, das muß alles drinnen sein.*[21] Später kommentiert Hindemith im Werkverzeichnis: *Das war ganz ernst ge-meint, ich habe mir manches dabei «abgerungen». Es sollte ein Riesenwerk werden: dieses war nur der erste Teil. Bald schien es mir ein bißchen lächer-lich, und so ließ ich's bleiben.*

Die *Drei Gesänge* op. 9 sind für die größte Orchesterbesetzung vorgesehen, die Hindemith jemals schrieb; er erfüllt in diesem Werk noch einmal jene bereits verfestigten spätromantischen Formeln, die ihm wohl als der Inbegriff musikalischer Modernität galten, mit einer gleichwohl ausdrucksstarken, unmittelbaren und spontanen Musik, die frei von epigonalen Zügen bleibt. Die Wahl der Gedichte «Weltende» von Else Lasker-Schüler sowie «Meine Nächte sind heiser zerschrien» und «Aufbruch der Jugend» von Ernst Wilhelm Lotz verrät zudem Hindemiths genaue Kenntnis der damals neuesten literarischen Strömungen und sein ungewöhnlich sicheres literarisches Urteilsvermögen.

Hindemith setzt sich in seinen Jugendwerken nicht so sehr mit dem musikalischen 19. Jahrhundert auseinander, vielmehr akzeptiert er es zunächst einmal als das fortgeschrittenste kompositorische Niveau. Was bei Strauss oder Schreker, denen er neben Reger damals kompositorisch besonders verpflichtet war, als Errungenschaften zu gelten hat, arbeitet er auf, um sich davon abzusetzen: *Bald fand ich aber, daß man's anders versuchen müsse*, heißt es im Werkverzeichnis zu op. 3, und an einer anderen Stelle: *Um diese Zeit bin ich herumgewackelt und wußte nicht, was los ist. Aber schließlich bleibt einem doch nichts übrig, als zu komponieren.*

Hindemith als Soldat im Streichquartett, 1918

Immer Neues ans Licht bringen

Von der Euphorie bei Kriegsausbruch läßt sich Hindemith zunächst noch mitreißen, wie aus Briefen an seine Schweizer Freunde hervorgeht. Spätestens nach dem Tode des Vaters aber reagiert er auf die ihm unverständlich gewordenen Umstände mit Galgenhumor. *Der ganze Krieg ist traurig genug,* schreibt er 1916 aus seinen Pfingstferien in die Schweiz, *und da ist es gut, wenn man dieser ganzen Zeit die «Singspielhalle des Humors» gegenüberstellen kann, das hilft über vieles hinweg.* Zum 13. August 1917 muß er einrücken, man gibt ihm jedoch zunächst noch Gelegenheit, weiterhin im Opernorchester mitzuspielen. Am 16. Januar 1918 fährt er zu seinem Regiment, das an der Elsässer Front bei Tagolsheim stationiert ist und in der Mitte des Jahres nach Flandern verlegt wird. Der Regimentsmusik zugeteilt, übernimmt er die große Trommel und spielt als Primarius in einem aus Soldaten rekrutierten Streichquartett; in den letzten Kriegsmonaten wird er zum Schanzen abkommandiert und muß Posten stehen.

Mit den Quartettgenossen, denen er auch Grundbegriffe der Harmonielehre beibringt, studiert er neben Quartetten von Schubert, Dvořák, Haydn und Mozart auch das von Debussy ein. Der musikverständige Regimentskommandeur Graf von Kielmannsegg läßt sich die Werke vorspielen. Die Platzkonzerte der Regimentsmusik werden immer häufiger durch Granatbeschüsse und Fliegerangriffe beendet. Während sich ihm grauenvolle Szenen fest einprägen – *Ein entsetzlicher Anblick. Blut, durchlöcherte Körper, Hirn, ein abgerissener Pferdekopf, zersplitterte Knochen. Furchtbar;* während *fast jede Nacht böses Trommelfeuer*[22] herrscht –, gelingt es ihm gleichwohl zu komponieren. Es entstehen vor allem das *Streichquartett* op. 10, die beiden *Violinsonaten* op. 11 Nr. 1 und 2 sowie das Lied *Nebelwehen* aus dem Zyklus *Melancholie* nach Christian Morgenstern op. 13 für Mezzosopran und Streichquartett, den er dem gefallenen Freund Karl Köhler widmet. Sein Entsetzen drückt sich in einigen Sätzen aus diesen Werken mit einer Trauer aus, die für einen Komponisten, der noch mit den *Drei Gesängen für Sopran und großes Orchester* op. 9 ein plakatives «Bekenntniswerk» schuf, überraschend sprachlos ist; hier findet er erstmals jenen Ton «leiser Klage». Seine Einstellung zur Kunst hat sich in diesem Jahr 1918 denn auch grundsätzlicher und tiefer gewandelt, als es bislang ohne die Kenntnis der Jugendwerke gesehen werden konnte. Hindemith selbst hat das bestätigt; er berichtet später, daß er von Debussys Tod erfahren habe, als sie gerade den zweiten Satz aus dessen Streichquartett gespielt hätten: *Wir fühlten aber hier zum ersten Mal, daß Musik mehr ist als Stil, Technik und Ausdruck persönlichen Gefühls. Musik griff hier über politische Grenzen, über nationalen Haß und über die Greuel des Krieges hinweg. Bei keiner anderen Gelegenheit ist es mir je mit gleicher Deutlichkeit klargeworden, in welcher Richtung sich die Musik zu entwickeln habe.*[23]

Diese Vorstellung von einer Musik, die weder Ausdruck persönlichen Gefühls noch Bekenntnis und auch nicht erhabene Weltanschauung sein will, sondern zunächst einmal, um allen Menschen zu dienen, nichts als Musik sein möchte, prägt sich in den 1918 komponierten Werken primär durch ihre relative Schlichtheit und Einfachheit aus. Er komponiert die beiden Violinsonaten von vornherein im Gedanken an eine ganze Werkreihe. Das erinnert eher an die vorklassische Praktik der Zusammenfassung mehrerer gleichartiger Werke unter einer Opus-Zahl. Die beiden Sonaten tragen auf dem Manuskript auch noch die erst nachträglich abgeänderte Bezeichnung *Sonatine*. Das Quartett op. 10, gesteht Hindemith, sei *viel bräver*[24] als das Quintett op. 7. Konsequent integriert er in die Werke Charakterstücke, welche die musikalischen Ausdrucksmittel konzentrieren, während sie diese noch in den *3 Stücken für Cello und Klavier* op. 8 (1917) eher wie zufällig erweitern. Entsprechend modifiziert Hindemith auch die Sonatensatzform des ersten Satzes aus dem Quartett op. 10: Er legt die Durchführung, in der üblicherweise die Themen Auflösungsprozessen unterworfen werden, als *Fugato* an, das sich gerade auf die Identität des Themas stützt. Während so die formale Dynamik der Sonatensatzform neutralisiert wird, verselbständigt sich der Ausdruckscharakter der Durchführung, die Hindemith mit den Worten *geheimnisvoll; im gleichen Tempo, jedoch gänzlich apathisch, empfindungslos* überschreibt.

In der *Sonate für Bratsche und Klavier* op. 11 Nr. 4 – am 5. Dezember 1918, unmittelbar nach der Entlassung aus der Wehrmacht vollendet –, die klanglich eng an Debussy anschließt, hat Hindemith die neuartige Konzeption paradigmatisch und überaus originell zusammengefaßt. Die drei ineinander übergehenden Sätze gliedert er in eine einfache *Fantasie*, einen Variationssatz über ein Thema, das *schlicht wie ein Volkslied* vorzutragen ist, und einen Sonatensatz, in dem die Variationen des zweiten Satzes fortgeführt werden. Hindemith bemüht sich nun, diese einzelnen Sätze ausdrucksmäßig zu verselbständigen und dennoch in ein Werkganzes zu integrieren. Die *Fantasie* war ursprünglich dem zweiten Satz unverbunden vorangestellt und in einer antizipierenden Klavierbegleitung noch prägnanter gehalten. Wahrscheinlich hat Hindemith dann aber

Kleiner Saal des Saalbaues
Montag, den 2. Juni abends 7 Uhr

KOMPOSITIONS-ABEND

PAUL HINDEMITH

Mitwirkende: Frau Emma Lübbecke-Job,
Fräulein Susi Lachmann und die
Herren Adolf Rebner und
Maurits Frank

I.
Streichquartett in f moll op. 10
Sehr lebhaft - Thema mit Variationen - Finale

II.
Zwei Sonaten aus op. 11
a) Sonate in zwei Sätzen für Klavier und Violine
b) Sonate für Klavier und Bratsche

III.
Klavierquintett e moll in einem Satz op. 7

Flügel von C. A. André

KARTEN ZU 6.-, 4.-, 3.- UND 2 Mk. BEI B. FIRNBERG, SCHILLERSTRASSE 20

ENGLERT & SCHLOSSER IN FRANKFURT A. M

Programmzettel des ersten Kompositionsabends, 1919

gleichzeitig diese einleitenden Klaviertakte getilgt und die Überleitung zwischen *Fantasie* und zweitem Satz zugefügt, mithin den Zusammenhang der beiden Sätze gefestigt. Im beschließenden Sonatensatz geben Seitensatz, Durchführung (ein *mit bizarrer Plumpheit* vorzutragendes *Fugato*) und Coda zugleich weitere Variationen des Themas aus dem zweiten

25

Satz ab.[25] Was dieser Sonatensatz damit an formaler «Dialektik» verliert, gewinnt das ganze Werk an formaler Konsistenz bei gesteigerten heterogenen Ausdruckscharakteren seiner Glieder.

Mit den Werken op. 10, op. 11 Nr. 1 und 4 sowie dem Quintett op. 7 veranstaltet Hindemith am 2. Juni 1919 in Frankfurt einen Kompositionsabend, der so erfolgreich ausfällt, daß sich das renommierte Mainzer Verlagshaus B. Schott's Söhne, zu dem Sekles und der Frankfurter Musikalienhändler Fuchs Kontakte geknüpft hatten, bereit erklärte, Kompositionen Hindemiths zu verlegen. Damit beginnt eine lebenslange Zusammenarbeit, die von wachsendem Respekt, Vertrauen und schließlich enger Freundschaft zu den Verlagsleitern Willy und Ludwig Strecker getragen ist und die beiden Partnern nur Vorteile brachte. Die Kompositionen konnten nun unmittelbar nach Vollendung erscheinen, ohne daß jedoch der Verlag jedes Werk, das Hindemith anbot, übernommen hätte (Hindemith hat keines dieser Werke jemals anderen Verlegern vorgelegt). Er gewöhnt sich dabei eine Kompositionsplanung an, die ihn stets jedes Werk zum angekündigten Termin fertigstellen läßt. Der Verlag konnte bedenkenlos mit der Herstellung von Orchestermaterialien oder Klavierauszügen beginnen, Ur- oder Erstaufführungen vertraglich fixieren, während das Werk erst in Teilen vorlag. Die Reinschriftpartituren wiederum, die oft unter größtem Zeitdruck entstehen, schreibt Hindemith dennoch aus Freude an der handwerklichen Tätigkeit und mit Rücksicht auf den reibungslosen Herstellungsablauf durchweg in einer mustergültigen Kalligraphie aus; einige Ausgaben seiner Werke konnten – besonders in den USA – gleich als Faksimile erscheinen.

Weiter findet er in den Mitarbeitern des Verlages, besonders im Lektor Franz Willms, dessen Einsichten in die frühe Kompositionstechnik Hindemiths immer noch nicht überholt sind, ein kritisches Korrektiv, dem er sich unterwirft. Vor großen Kompositionsprojekten spricht er sich selbst noch zu jener Zeit mit dem Verlag ab, in der er als einer der bedeutendsten Komponisten weithin respektiert wurde, ohne dabei die oft von Verlagsseite vertretenen konventionellen und gängigen Vorstellungen zu übersehen; er weicht ihnen aber auch nicht immer konsequent genug aus.

In den Nachkriegsmonaten mit den ersten großen, regional aber noch begrenzten Erfolgen als Komponist intensiviert Hindemith seine schon ungeheuren Aktivitäten der Vorkriegszeit: *In den letzten 6 Wochen habe ich mehr als in den letzten 2 Jahren geschafft*, heißt es in einem Brief, den er Mitte des Jahres 1919 an Irene Hendorf schreibt, *Lieder, Sonaten, eine kleine Oper. Alles, was Du willst. Der Sinn und Zweck meines ganzen Daseins ist nur noch der: Immer Neues ans Licht bringen.* Diese überschwengliche Maxime gilt für seine Tätigkeiten als Interpret und als Komponist gleichermaßen. Zwar übernimmt er zunächst wieder seine Stellen im Frankfurter Opernorchester und im Rebner-Quartett, welche die Existenzgrundlagen der ganzen Familie absichern, doch drängt er in seinen

Franz Willms

mit Freunden veranstalteten Soloabenden auf unkonventionelle Programme, in denen nun die gängigen Werke des 19. Jahrhunderts möglichst ausgespart bleiben. *Hast Du Dir schon Sorgen über die Programme gemacht?* fragt er Irene Hendorf[26]. *Ich wäre sehr dafür, von dem üblichen Schema ein wenig abzuweichen. Wir wollen auch ziemlich ausgefallene Sachen bringen. So würde ich für einige Abende folgende Programme vorschlagen: Bach-Händel-Sonaten (hört man nie!) ... Wenn möglich, keine oder nur eine Brahms-Sonate. Dem Götzen Brahms opfert jedermann ...*

1921 verläßt er nach einer Spanien-Tournee das Rebner-Quartett wegen unüberbrückbarer Meinungsverschiedenheiten um die Programmgestaltung (er empfiehlt, fünf Jahre lang Beethovens Musik nicht mehr zu spielen[27]). Mit dem damaligen Korrepetitor an der Oper, Reinhold Merten, gründet er 1922 in Frankfurt die «Gemeinschaft für Musik», die sich gegen den oberflächlichen Konzertbetrieb richtet. *Hier ist endlich einmal die Musik um der Musik willen da!* schreibt er an Emmy Ronnefeldt[28]. Im Vereinsprospekt, den er wahrscheinlich mit Merten verfaßt hat, heißt es programmatisch: *Wir sind überzeugt, daß das Konzert in seiner heutigen Form eine Einrichtung ist, die bekämpft werden muß, und wollen versu-*

chen, die fast schon verlorengegangene Gemeinschaft zwischen Ausführenden und Hörern wieder herzustellen ... Es wird ausschließlich unbekannte neue und alte Musik für kleine Besetzung zum Vortrag kommen. Jeder Besucher der Veranstaltung hat Einfluß auf die Gestaltung der Programme. Irgendwelcher nationaler oder persönlicher Ehrgeiz wird ausgeschaltet bleiben. Dieses Programm, das vielleicht durch den wenige Jahre zuvor (1918) in Wien vom Schönberg-Kreis gegründeten «Verein für musikalische Privataufführungen» beeinflußt ist, erweist sich in seiner demokratischen Gesinnung als durchaus eigenständig. Die Institution eines «Vortragsmeisters» wie im Wiener Verein, der als oberste ästhetische Instanz die Probenarbeit überwacht, wäre den Frankfurter Musikern um Hindemith, die im Orchesterdienst standen, nachgerade absurd erschienen. Die neuen Werke, auf die sie aufmerksam machten – im ersten Konzert spielten sie die «Ouvertüre über jiddische Themen» von Prokofiew, Lieder mit Klavierbegleitung von Strawinsky und die «Rhapsodie nègre» von Poulenc –, entziehen sich sogar einem nachdrücklichen ästhetischen Anspruch. 1922 entdeckt Hindemith schließlich für sich den Bereich der entlegenen historischen Musik mit der Viola d'amore, deren Klang ihn fasziniert.

Hindemiths Kompositionen in dieser Nachkriegszeit erwachsen nun nicht nur aus diesen unmittelbaren Aktivitäten als Interpret und aus seinem lebhaften Interesse an der neuesten Literatur, sondern er konzipiert besonders die Kammermusik gleichsam vom Instrumentalisten ausge-

Das Rebner-Quartett mit Paul Hindemith

Programmzettel der «Gemeinschaft für Musik», 1922

hend und schiebt Gattungsnormen oder Stilprobleme souverän beiseite.
Diese neuen Kompositionen lassen sich in den Kategorien einer von Ludwig Rottenberg entworfenen Theorie der musikalischen Reproduktion [29]
beschreiben, in der sich lebensphilosophische Theoreme mit musiktheoretischen Vorstellungen mischen, wie sie Kurth entwickelt hatte. Rottenberg bekämpft die dem Umkreis der Programmusik entstammende Vor-

stellung, das «eigentlich» Musikalische sei fremdgesetzlichen Bedingungen unterworfen («Es gibt kein ‹an sich Musikalisches›, eine Art ‹Ding an sich›, man kann die Musik nicht verdoppeln, es ist nicht Etwas noch – hinter ihr, wonach wir uns richten müßten»[30]), um an dem «Wesen» der Musik ein «Form-Ganzes» hervorzuheben, das für ihn vor allem in der «Kontinuität des Vortrages», in der «Bewegungskontinuität» faßbar wird.[31]

Indem Hindemith von der Einstellung des Interpreten her diese werkbeherrschende «Bewegungskontinuität» auskomponiert, verzichtet er (im Gegensatz zu den Werken besonders Schrekers, von denen Rottenberg zweifellos seine Theorie abgeleitet hat) tendenziell auf alles Differenzierende. Das geschieht bereits bei der im Juli und August 1919 komponierten dreisätzigen Erstfassung der *Cellosonate* op. 11 Nr. 3, deren Mittelteil als beschließender zweiter Satz (bis auf die gestrichenen, aus seiner Beschäftigung mit Walt Whitman stammenden Titel *Im Schilf, Trauerzug und Bacchanale*) unverändert in die einzig publizierte Zweitfassung übernommen wurde. Im *Langsam* überschriebenen Teil aus diesem zweiten Satz verzichtet er auf die Taktangabe und schreibt nur das Metrum vor – eine Spielanweisung lautet *In starr durchlaufender, eintöniger Bewegung.* Der Takt paßt sich einem möglichst freien, ungebundenen Duktus der Melodie an und wechselt fortwährend. Dadurch wird mit dem System der Akzentabstufung innerhalb eines Taktes auch das der Periodik, der abgestuften Abfolge der Takte, tendenziell aufgehoben. Andrerseits ändert sich durch die starre Metrik nicht der Eindruck des kontinuierlichen Fließens. Im schnellen Teil des Satzes ersetzt Hindemith weitgehend die Themenausarbeitung durch rhythmisch geprägte, etüdenhafte Spielfiguren und Motive, deren ursprünglicher Bewegungsimpuls (etwa Takt 146 f, 169 f) im Ostinato, der elementarsten Form motivischer Arbeit, verselbständigt wird. Die Dynamik kennt kaum mehr expressive Nuancierungen; und die tonale Akkordstrukturierung lähmt Hindemith mit akkordfremden Tönen, nimmt ihr die formalen Funktionen. Die regulativen kompositorischen Kategorien der Periodik und der Harmonik und die individualisierenden der Thematik und ihrer Ausarbeitung sowie der Dynamik ordnet Hindemith damit einer «Bewegungskontinuität» zu, die an der starren Metrik hervortritt.

Es entspricht auch Hindemiths Neigung zur Unterhaltungsmusik und zur musikalischen Parodie in jener Zeit, daß er alle im Frühwerk noch überlegen eingesetzten differenzierten musikalischen Mittel der Jahrhundertwende aufgibt. Hindemith wollte seine zahlreichen (heute verschollenen) Unterhaltungsmusiken wie Ragtimes, Bostons, Foxtrotts, Shimmies, Märsche, die er damals für seine Freunde komponierte und mit ihnen aufführte, auch veröffentlichen. *Können Sie auch Foxtrotts, Bostons, Rags und anderen Kitsch gebrauchen? Wenn mir keine anständige Musik mehr einfällt, schreibe ich immer solche Sachen*[32], schrieb er 1920 an den

Paul Hindemith, 1921

Schott-Verlag, der jedoch kein Interesse zeigte. Im *Repertorium für Militärmusik Minimax* oder in der *Ouvertüre zum «Fliegenden Holländer», wie sie ein schlechte Kurkapelle morgens um 7 am Brunnen vom Blatt spielt* (beides für Streichquartett, 1923–27) parodiert er Musikstücke oder Musiziersituationen, die er nur allzu gut kannte; hier schließt Hindemith auf einer höheren Ebene an die Parodien aus seiner Studienzeit an.

Vor allem aber hat Hindemith Momente der Unterhaltungsmusik und der Parodie in den frühen zwanziger Jahren auch in seine *anständige* Musik integriert. Aus der Unterhaltungsmusik übernimmt er moderne Tanztypen, die er teilweise durch rhythmische und harmonische Überzeichnung ins Absurde verdreht, beispielsweise in op. 15, op. 24 Nr. 1 oder op. 26 oder im Weihnachtsspiel für Kinder *Tuttifäntchen* (1922). In Spielanleitungen wie *Wild. Tonschönheit ist Nebensache* (op. 25 Nr. 1) und *Nimm keine Rücksicht auf das, was Du in der Klavierstunde gelernt hast. Überlege nicht lange, ob Du Dis mit dem vierten oder sechsten Finger anschlagen mußt. Spiele das Stück sehr wild, aber stets sehr stramm im Rhythmus, wie eine Maschine. Betrachte das Klavier als eine interessante Art Schlagzeug und handle dementsprechend* (op. 26) oder in der Vorschrift, das Orchester der *Kammermusik Nr. 1* unsichtbar zu postieren, polemisiert er gegen traditionelle, eingeschliffene Hörerwartungen und Einstellungen zur Musik. Wagners «Tristan» wird im Einakter *Das Nusch-Nuschi* zitierend verspottet. Satztypen wie besonders das *Fugato* dienen parodistischen Zwecken. *Das dritte Tanzstück aus Nusch-Nuschi trägt die Anmerkung für den Zuhörer und für den Leser der Partitur: Folgende «Choralfuge» (mit allem Komfort: Vergrößerungen, Verkleinerungen, Engführungen, Basso ostinato) verdankt ihr Dasein lediglich einem unglücklichen Zufall: Sie fiel dem Komponisten ein. Sie bezweckt weiter nichts als dies: sich stilvoll in den Rahmen dieses Bildes zu fügen und allen «Sachverständigen» Gelegenheit zu geben, über die ungeheure Geschmacklosigkeit ihres Schöpfers zu bellen. Halelujah! – Das Stück muß in der Hauptsache von zwei Eunuchen mit ganz ungeheuer dicken Bäuchen getanzt (gewackelt) werden.* Zum *Ragtime wohltemperiert* für großes Orchester (1921) wählt er das Thema der c-moll-Fuge aus dem ersten Band des «Wohltemperierten Klaviers» von Johann Sebastian Bach.

Die Unterhaltungsmusik beeinflußt auch die Besetzung und Instrumentierung: Die *Kammermusik Nr. 1* greift nicht nur im berüchtigten *Finale 1921* apotheotisch den Foxtrott «Fuchstanz» von Wilm-Wilm auf, sondern parodiert einen kammermusikalischen Anspruch: sie präsentiert sich als Kammermusik, aber in rohem, undifferenziertem, dennoch außerordentlich charakteristischem Kolorit, in reichem Schlagzeugpart mit Sirene, in einem etüdenhaften, undurchhörbaren und oft geräuschhaften Begleitsystem, das eben nicht motivisch ausgearbeitet und transparent ist. Diese Musik rechnet in ihrer musikalischen Faktur weniger mit aufmerksamem Lauschen, als vielmehr mit unkonzentriertem Hören; damit entspricht sie musikalisch jener Kunst, die auf beliebige Reproduzierbarkeit angelegt ist und der überraschende, prägnante Details genügen.

Das Parodistische und Unterhaltende zeigt sich schließlich im «Ton» zahlreicher Sätze – genannt seien nur das Finale aus dem *Streichquartett* op. 22, die *Kleine Kammermusik* op. 24 Nr. 2, der zweite Satz aus der *Sonate für Cello solo* op. 25 Nr. 3. Der musikalische Ausdruck ist hier nicht wie bei der «Bekenntnismusik» beim Wort zu nehmen, ist im Gegenteil «uneigentlich» gehalten.

Diese oft nur schwer verständlichen Gehalte der einzelnen Sätze verwirren in den mehrteiligen Werken durch die Aufeinanderfolge der verschiedenen Sätze noch mehr. Es werden nicht nur Sätze heterogensten Ausdrucks unmittelbar kontrastiert, sondern die Ebenen des Ausdrucks – das musikalisch Anspruchslose als ernster Ausdruck, das «Ausdrucksvolle» als parodistisches Zitat etc. – können fortwährend und übergangslos wechseln, ohne daß sich eine «innere Mitte» des Werkes erschließen läßt. Hindemith beschreibt diese Haltung als einen *bewußten Zwiespalt zwischen Empfindung und Ausdruckstechnik*, als das *Groteske*[33], einen Ausdruck, den er jedoch als *zu abgegriffen* empfindet. Paradigmatisch ist der Zyklus von Klavierstücken *In einer Nacht, Träume und Erlebnisse* op. 15, in dessen langjähriger Entstehungszeit er zweifellos auch dadaistische Anregungen verarbeitet hat. Unter den 14 kurzen Sätzen, die ohne größere Unterbrechung zu spielen sind, findet man einerseits eine Rigoletto-Parodie als *Bösen Traum* (Nr. 12), eine Parodie der *Programmusik: Kuckuck und Uhu frei nach Humperdinck* (Nr. 9), einen *Foxtrott* (Nr. 13), eine bombastische, lärmende *Doppelfuge* (Nr. 14), andrerseits musikalisch anspruchslose, aber außerordentlich eindringliche Stücke wie Nr. 1 *Müdigkeit* oder die *Rufe in der horchenden Nacht* (Nr. 4), die mit *dunkler Ruhe* gespielt werden sollen.

Schließlich komponiert Hindemith auch ganze Werke in dieser Art aufeinander zu: Man denke nur an die Einakter *Das Nusch-Nuschi* op. 20 und *Sancta Susanna* op. 21 oder an den Zyklus für Alt, Flöte, Klarinette und Streichquartett *Die junge Magd* op. 23 Nr. 2 nach Georg Trakl und der *Kammermusik Nr. 1*, die Hindemith in Donaueschingen 1922 absichtlich unmittelbar aufeinanderfolgen ließ.

Hindemith hat die Kritik mit diesen beispiellos rasch komponierten Werken außerordentlich verunsichert; er erwarb sich mit ihnen dann auch den Ruf eines Bürgerschrecks. Sie wurden als der unmittelbare musikalische Ausdruck der Inflationszeit, des Verlustes eines verbindlichen Wertgefüges empfunden. Die Radikalität Hindemiths zeigt sich dabei in seiner musikalischen Haltung, die bedenkenlos mit dem oft traditionellen musikalischen Material umgeht. Doch das, was im frühen Werk Hindemiths immer noch als Überdruß an einer auf wohlige Wirkung abzielenden Kunst erfahrbar ist, verharmlost Arnold Mendelssohn mit seiner gut gemeinten Beschwichtigung: «Wenn dieser ungebärdige Most sich geklärt hat, gibt es bestimmt einen wunderbaren Wein.»[34] Die zerstörerischen Züge in der Musik Hindemiths haben die Kritiker sogleich hellhörig gemacht. Einer notiert: «Man steht einer Musik gegenüber, wie sie zu denken, geschweige zu schreiben noch nie ein deutscher Komponist von künstlerischer Haltung gewagt hat, eine Musik von einer Laszivität und Frivolität, die nur einem ganz besonders gearteten Komponisten möglich sein kann. Es hebt da ein Zischen und Brodeln, ein Reißen, Stoßen und Drängen an, Gekreische und Schreien dringen an unser Ohr, man sieht sinnlich verzerrte, gemeine Gesichter, hört Peitschen und Schlagen, Lachen und Schreien, Gestöhn und Jauchzen, Pfeifen und Johlen, in laszivster Art mengen sich Paare auf buchstäbliche Foxtrottmelodien, barbarische Laute halb vertierter, im Taumel sich ergehender Menschen machen sich Luft, zum Schluß ein langer, alles durchdringender Pfiff,

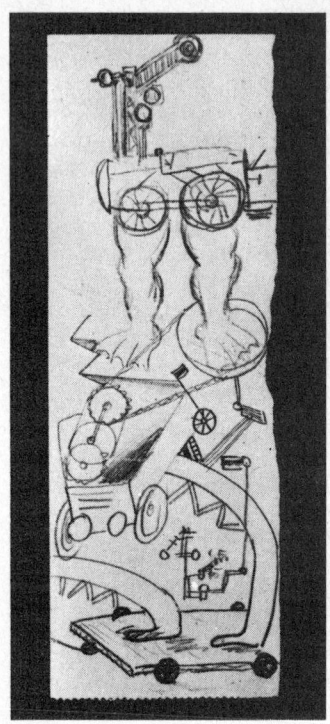 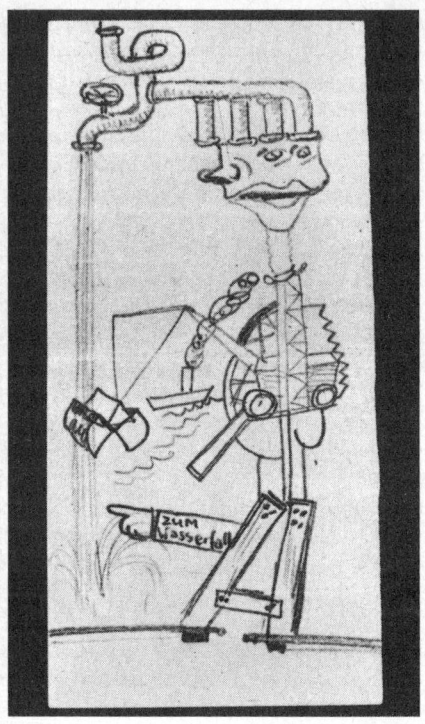

Zeichnungen von Paul Hindemith und seinen Freunden aus den Jahren 1922/23

wohl ein Warnungspfiff, im Nu ist dann das Stück zu Ende. Es ist die lasterhafteste, frivolste und dabei gegenständlichste Musik, die vielleicht bei Strawinsky Gegenstücke hat, aber doch wohl kaum von ihm übertroffen wird.»[35]

Selbst der Verlag, der seinen jungen, erfolgversprechenden Komponisten an die Spitze einer unattraktiven musikalischen Avantgarde rücken sieht, schreibt ihm über die drei *Hymnen nach Walt Whitman* für Bariton und Klavier op. 14 (1919) und über die *Klaviersonate* op. 17 (1920): «Sie haben uns mit ihrer neuen Klaviersonate und den Liedern eine schwere Nuß zu knacken aufgegeben. Wir sind ganz verblüfft über die plötzliche Wendung, die Sie damit genommen haben. Bevor wir Stellung dazu nehmen, würden wir uns gern mit Ihnen eingehend darüber aussprechen. Vielleicht liegen bis dahin auch noch andere Werke, vor allem Ihr neues Quartett [op. 16], vor, so daß wir weiter bzw. tiefer sehen können. Für heute möchten wir nur sagen, daß Ihre neue radikale Handschrift uns

etwas Ihre individuellen und hoch eingeschätzten Züge verwischt.»[36]
Hindemiths Antwort ist ein ästhetisches Bekenntnis:

Ich habe mich gar nicht verwandelt, ich schreibe noch genau so leicht wie früher – zwischen meinen früheren und jetzigen Sachen ist nur ein gradueller, kein wesentlicher Unterschied. Früher konnte ich nicht so schreiben, weil ich technisch (und menschlich) noch zu unentwickelt war, zudem sind die Stücke, die Sie kennen, fast alle im Felde geschrieben, und daß man sich, abgeschlossen von aller anständigen Musik, nicht musikalisch sehr entwickeln kann, leuchtet ein. Das habe ich mittlerweile getan. All das «Erschreckliche», was Ihnen an meiner neuen Musik nicht gefällt, findet sich unvollkommen und täppisch schon in den anderen Sachen, ist natürlich in allerlei Formen- & Formelkram versteckt ... In den Whitman-Hymnen [op. 14] ists mir dann fast gelungen, das festzuhalten, was mir von jeher durch den Schädel gegangen ist. Aber sie hängen doch noch reichlich an allen möglichen Altertümlichkeiten ... Viel besser sind dann eine Reihe Klavierstücke [op. 15] geworden und in meinem neuen Quartett (op. 16) und vor allem in den neuen Liedern [op. 18] ist mir zum ersten Male das gelungen, was ich schon immer wollte, aber nicht konnte.[37]

Obwohl Hindemith hier auf bestimmte musikalische Einstellungen in seinen alten Werken verweist, an die er anknüpft und die er in den neuen Werken vollständig durchsetzen will, wertet er sie zugleich von seinem jetzt erreichten kompositorischen Niveau ausgehend ab. Er sieht sich in ihnen nicht mehr adäquat, und das heißt vor allem: zeitgemäß ausgedrückt; eine Jahreszahl findet denn auch programmatisch in seinen Werk- oder Satztiteln wie *Suite 1922* oder *Finale 1921* Eingang. Op. 1 bis 7 bezeichnet er nun in einem Brief vom 14. Januar 1921 an den Schott-Verlag als *absolut ungenießbar*; in seinem 1921 publizierten Werkverzeichnis[38] werden sie erst gar nicht aufgeführt. Die berühmte autobiographische Notiz von 1922: *Als Komponist habe ich meist Stücke geschrieben, die mir nicht mehr gefallen: Kammermusik in den verschiedensten Besetzungen, Lieder und Klaviersachen*[39], darf man durchaus beim Wort nehmen.

Neue Sachlichkeit

Hindemith konnte sich mit den Werken op. 13, 14, 15 und 17 beim Verlag nicht durchsetzen. Der durchschlagende Erfolg des Streichquartetts op. 16 (1920) während der «Donaueschinger Kammermusik-Aufführungen zur Förderung zeitgenössischer Tonkunst» 1921 und die spektakulären Aufführungen der Einakter in Stuttgart (*Mörder, Hoffnung der Frauen* op. 12; *Das Nusch-Nuschi* op. 20, beide mit Bühnenbildern von Oskar Schlemmer) 1921 bzw. in Frankfurt (mit der in Stuttgart noch abgelehnten *Sancta Susanna* op. 21) 1922 haben jedoch die Bedenken gegenüber Hindemiths kompositorischem Weg zerstreut. Als «revolutionärer Bilderstürmer» abgestempelt, repräsentiert er nun die deutsche Avantgarde der zwanziger Jahre: ein «neuer Typus»[40] des Musikers, der dem des 19. Jahrhunderts opponiert. Als Bratscher im Amar-Quartett und als Mitglied des Programmausschusses der Donaueschinger Musiktage gewinnt er (seit 1923) eine kaum überschätzbare Bedeutung für die Verbreitung, Popularisierung und Entwicklung der neuen Musik der zwanziger Jahre.

1923 kann Hindemith den längst schon verhaßten Orchesterdienst quittieren, weil der Verlag sich auf Vereinbarungen einläßt, die ihm ein monatliches Fixum garantieren, das seine – nun ausbleibenden – Konzertmeisterbezüge aufwiegt. Im gleichen Jahr zieht er mit seiner Mutter und seiner Schwester von der Leerbacher Straße am Opernhaus in den «Kuhhirtenturm» der alten Stadtbefestigung des Frankfurter Stadtteils Sachsenhausen. Mit dem in Dollar[41] ausbezahlten Honorar für ein *Konzert für Klavier linke Hand und Orchester* op. 29 (1923), das Paul Wittgenstein bestellt, aber nie gespielt hat, kann der Turm renoviert werden. Jedes Stockwerk besteht aus einem Zimmer, das Hindemith selbst grell anstreicht (seine Lieblingsfarben waren Blau und Gelb). Der Flügel muß in einer Aufsehen erregenden Aktion von einem Kran durch das abgedeckte Dach ins oberste Stockwerk gehievt werden.

Am 15. Mai 1924 heiratet Hindemith die jüngste Tochter Ludwig Rottenbergs, Gertrud (geb. am 2. August 1900 in Frankfurt). Er hatte sie im Haus seines Freundes Hans Flesch kennengelernt, dem nachmaligen Direktor des Süddeutschen Rundfunks in Frankfurt und Intendanten der

Bühnenbildentwurf von Ludwig Sievert zur «Sancta Susanna», Frankfurt 1922

Berliner Funkstunde (Flesch schrieb übrigens das erste deutschsprachige Hörspiel, «Zauber auf dem Sender» [42]), der mit Rottenbergs älterer Tochter Gabriele verheiratet war. Gertrud Rottenberg war als Schauspielerin, Cellistin und Sängerin ausgebildet, doch verhinderte ihr unüberwindliches Lampenfieber [43] die geplante Bühnenlaufbahn. Nach der Heirat mit Hindemith trat sie halb-öffentlich nur mit ihrem Mann in der kleinen Kantate nach romantischen Gedichten *Die Serenaden* op. 35 (1924) für Sopran, Bratsche, Oboe und Cello auf, die Paul ihr zur Hochzeit widmete. Im letzten Satz dieser Kantate, der beide im zärtlich-unsentimentalen Duett «Ach, wann schließt in meinen Armen sich dein blaues Auge zu?» für Sopran und Bratsche vereinigt, hat Hindemith das Hauptmotiv aus den Tonbezeichnungen entsprechenden Buchstaben ihrer Namen gewonnen. [44] Gertrud scheint sich gleich in die Rolle einer Helferin ihres Mannes eingefunden zu haben, sie führt die geschäftliche Korrespondenz; sie begleitet ihn auf allen größeren Konzertreisen und teilt vor allem auch seine Vorliebe für lange Fußtouren: Mit Freunden wie Willy

37

*Der «Kuhhirtenturm»
in Frankfurt-
Sachsenhausen*

Strecker und dam Maler Rudolf Heinisch hat das Paar nahezu ganz
Deutschland durchwandert.

Hindemith, die beiden Geiger Amar und Caspar sowie der Bruder Rudolf, der später abgelöst wird von Maurits Frank, bildeten erst nach dem
Donaueschinger Fest von 1922 eine ständige Quartett-Gemeinschaft, das
Amar-Quartett. Ihr Ruf festigte sich noch im selben Jahr auf dem ersten
Fest der «Internationalen Gesellschaft für Neue Musik» in Salzburg, und
bereits 1923 schrieb ein Kritiker: «Ein Jahr ist also gerade bei den diesjäh-
rigen Kammermusikaufführungen in Donaueschingen seit dem endgültigen Zusammenschluß vergangen und schon kann das Amar-Quartett auf
einen Erfolg im In- und Ausland zurücksehen, wie ihn wohl kaum je eine
Vereinigung in so kurzer Zeit gehabt hat. Die Gründe dafür sind hier
schon öfters angeführt worden: der jugendliche Schwung und die geistige
Frische der Auffassung, die Kraft und Elastizität der Wiedergabe, das
große technische Können der vier Instrumentalisten und der wunderbare
Klang ihres Zusammenspiels. Das tatkräftige Eintreten des Quartetts für
moderne Kammermusik – die Namen Reger, Delius, Schönberg, Bartók,
Sekles, Hindemith, Jarnach, Webern, Ludwig Weber, Kodály, Wellesz,

Honegger, Hába, F. Finke, Casella, Strawinsky, Malipiero, Ravel, Debussy, Novák, Jirak, Lourié, Milhaud beweisen allein schon, welche Unsumme an Kraft und Arbeit hier geleistet worden ist –, ist keine zufällige, ‹aktuelle› Angelegenheit ... Die Leistung des Quartetts wäre aber ungenügend dargestellt, wenn man nicht auch ihrer ganz hervorragenden Wiedergabe älterer, besonders der klassischen Kammermusikwerke gedächte, die, frei von akademischer Glätte, von schönem, starkem Impuls erfüllt ist.»[45]

Ihr qualitativ vergleichsloses Repertoire stützte sich in den sieben Jahren, in denen Hindemith als Bratscher mitspielte (1929 schied er aus; 1933 löste sich das Quartett auf), selbstverständlich zunächst einmal auf die Werke Hindemiths und aller Zeitgenossen, dann auf Kompositionen der Wiener Klassik (vor allem Mozart und Schubert, weniger dagegen Haydn und Beethoven). Aus dem mittleren und späten 19. Jahrhundert wählten sie nur einige Werke aus, wie beispielsweise das Streichquartett von Verdi, das Quartett op. 44 Nr. 3 von Robert Schumann und einige Quartette von Dvořák und Reger. Werke von Brahms blieben fast vollständig ausgespart. Im übrigen gibt es keine noch so entlegene Quartettkomposition, die Hindemith als Bratscher nicht wenigstens einmal gespielt hätte. Selbst auf ihren Konzertreisen durch die deutsche Provinz haben die Mitglieder

Das Ehepaar Hindemith, 1924

Das Amar-Quartett: Licco Amar, Walter Caspar, Paul und Rudolf Hindemith

des Amar-Quartett grundsätzlich keine Programmfolge wiederholt. Sie mischten stets bekannte oder historische mit unbekannten oder zeitgenössischen Kompositionen; dabei haben sie auch häufig ihr Ensemble reduziert bzw. erweitert, um etwa Duos (z. B. das Duo für Violine und Cello von Ravel), Trios (z. B. das Trio für 2 Violinen und Bratsche von Kodály) oder Klavierquartette (u. a. mit Walter Gieseking), Streich- und Klavierquintette spielen zu können. In einer zufällig herausgegriffenen Konzertfolge vom 11. Oktober bis zum 24. Oktober 1924 führten sie auf: 11. 10. Bad Oeynhausen: Debussy, Haydn (op. 76 Nr. 6), Mozart (KV 590); 12. 10. Osnabrück: Schubert (E-dur), Hindemith (op. 25 Nr. 1), Reger (fis-moll); 13. 10. Bielefeld: Strawinsky (Concertino), Hindemith (op. 32), Mozart (Trio B-dur); 14. 10. Kassel: Schönberg (op. 7), Hindemith (op. 32), 23. 10. Berlin: Strawinsky (Concertino), Webern (op. 9), Hindemith (op. 34); 24. 10. Leipzig: Schönberg (op. 7 und op. 10).

Auffällig nicht nur an dieser Konzertfolge ist die Aufnahme von Werken aus dem Schönberg-Kreis. 1924, als Schönberg seinen 50. Geburtstag feierte, gibt das Amar-Quartett sogar Schönberg-Abende. Auf Hindemiths ausdrücklichen Wunsch wurde die «Serenade» op. 24 (1924) in Donaueschingen uraufgeführt. Geplant war auch die Aufführung einer repräsentativen Auswahl aus Schönbergs Kammermusik in Frankfurt durch Hindemith und Scherchen. In einer Frankfurter Aufführung der «Gurrelieder» hat Hindemith im Chor mitgesungen. [46] Schönberg muß mit dem Spiel des Amar-Quartetts zufrieden gewesen sein; Philipp Jarnach berichtet: «Ich stürzte ins Künstlerzimmer und sagte dem Quartett: ‹Kinder, Ihr müßt schön spielen, Schönberg ist im Saal.› – ‹Um Gottes willen›, rief Paul Hindemith, ‹wir haben das Stück [op. 7] nicht genug geprobt.› Sie spielten in der Aufführung nur um so schöner; Schönberg war glücklich.» [47]

Bereits 1915 hatte sich Hindemith mit Werken Schönbergs vertraut gemacht und sie damals im Freundeskreis am Konservatorium diskutiert. Aus dem gleichen Jahr stammt auch eine Abschrift Hindemiths von Weberns op. 7 Nr. 1; Weberns «Bagatellen» op. 9 hat das Quartett in Anwesenheit Weberns 1924 uraufgeführt. «Was mein Quartett anlangt», schreibt Webern 1922 aus Salzburg an Alban Berg, «Aufführung (Hindemith) sehr gut. Wirklich als Musik gespielt.» [48] Eine engere persönliche Beziehung scheint Hindemith jedoch nur zu Alban Berg gefunden zu haben, dessen Werke er allerdings nicht öffentlich gespielt hat. Noch im Mai 1933 denkt er daran, Berg als Kompositionslehrer an die Berliner Hochschule für Musik zu holen. [49]

Ihre Programmgestaltung bei Auslandstourneen – nahezu jährlich spielten sie in Italien, Paris und London – zeigte sie nicht so sehr als Repräsentanten neuerer deutscher Musikkultur, sondern vielmehr als Vertreter der neuen Musik schlechthin. Nationalmusik war Hindemith verhaßt: *Dieser ewige balkanische Furor*, schrieb er 1926 an Burkhard, *ist schon bald lächerlich und hat heute, nachdem die russische, nordische, tschechische, asiatische und sonstige andere Nationalmusik abgewirtschaftet hat und damit der Beweis erbracht ist, daß es in der Musik auf die Dauer mit dem Nationalismus nicht geht, keinen rechten Sinn mehr.* In Rom führte sich das Amar-Quartett mit einem Programm ein, das Werke von Křenek, Bartók und Kodály umfaßte; in Paris spielten sie unter anderem die französische Erstaufführung der «Bagatellen» op. 9 von Webern, in London neben Werken Hindemiths auch Kompositionen von Jarnach und Reger.

Besonders hervorgehoben werden müssen die beiden Tourneen durch die UdSSR von 1927/28 und 1928/29, die so umfassend angelegt waren, daß sie einen repräsentativen Ausschnitt aus ihrem gesamten Repertoire spielen konnten (bereits 1927 war in der UdSSR die erste Hindemith-Monographie erschienen). Eintragungen in Hindemiths Taschenkalender belegen zudem, daß er sich Einblick in die gesamte sowjetische Musikkultur und das musikalische Erziehungssystem verschaffte; er lernte auch Dimitri Schostakowitsch kennen.

Der Interpretationsstil des Amar-Quartetts ist durch erhaltene Schallaufzeichnungen noch heute belegbar. Eine Wiederveröffentlichung wäre auch deshalb dringend anzuraten, weil dieser Stil Momente enthält, welche die Interpretationskunst seitdem nicht mehr hervorbringt. Da in oft rasenden Tempi, in rücksichtslos ausgespielten Stimmen, in der Betonung der dynamischen und harmonischen Härten der «natürliche» Ablauf irritiert wird, wächst ihrer Interpretation etwas Abenteuerliches zu; indem die Interpreten – analog zu Hindemiths berühmten Spielvorschriften – alles riskieren, nehmen sie dem Werk das gefällig Schöne, «Tiefgründige» und heben es damit in die unmittelbare Präsenz seiner momentanen aktuellen sinnlichen Erscheinung.

Hindemith fand im Amar-Quartett jene Einheit von Komposition und Interpretation, die seinen ästhetischen Vorstellungen ideal entsprach. Neben den Reger-Schülern Heinrich Burkhard und Josef Haas konnte er als Mitglied im Programmausschuß der Donaueschinger Musiktage die Entwicklung der neuen Musik in den zwanziger Jahren nachhaltig beeinflussen. Es waren Hindemith und seine Quartett-Genossen, die das in zahllosen Anekdoten bezeugte Donaueschinger Klima aufrichtiger Freundschaft und Kameradschaft unter allen Beteiligten schufen. Max Butting erinnert sich dankbar: «So bildete sich ein Kreis aus jungen Begabungen künstlerisch verschiedenartigster Herkunft; sein Charakteristikum ist nicht eine Einheitlichkeit, sondern die Verständigung innerhalb der Vielseitigkeit ... Es waren glückliche Tage, die wir in Donaueschingen verbrachten. Wir verlebten den Tag gemeinschaftlich im Kurhaus, wir gingen in dem schönen alten Park spazieren, wir stritten über die Wer-

Salzburg, August 1922: Die Komponisten ...

ke und waren bei allen möglichen Streichen völlig einer Meinung. Wir sahen uns wertvolle alte Noten in der Musikbibliothek an, wir kosteten das Spezialbier des Fürsten und sahen zu, wie auf einer Wiese im fürstlichen Park junge Mädchen des Karlsruher Balletts im Mondschein zur Musik von Mozart tanzten, die das Amar-Quartett spielte. Wir machten einen Ausflug nach Beuron, und es gab nichts anderes als ein frohes, kameradschaftliches Dahinleben ...»[50]

In den ersten Donaueschinger Jahren 1921 bis 1924 sollten, wie Burkhard mitteilt[51], lediglich junge, unbekannte Komponisten herausgestellt werden; immerhin findet man darunter Berg, Hába, Hindemith, Jarnach und Křenek. Doch bereits 1922 erregten nur noch die aufgeführten Werke Hindemiths – *Die junge Magd* und die *Kammermusik Nr. 1* – Beachtung; und 1923 war die Interpretationskunst des Amar-Quartetts, dessen Mitglieder sich an allen Aufführungen (kostenlos) beteiligten, das interessanteste musikalische Ereignis. Hindemith erkannte, man könne eben nicht damit rechnen, *daß unter den etwa 1000 Einsendungen, die jedes Jahr vorliegen, auch nur 3 brauchbare Stücke sind*, und er folgert: *Wir sind daher immer mehr dazu übergegangen, für jedes Fest gewisse musikalische Richtlinien aufzustellen und dann die jüngeren Komponisten aufzufordern, die neuen Ideen mitauszuführen.*[52]

... und die Interpreten

Salzburg Aug 1922

Walter Gieseking   Frau Szigeti   Licco Amar   Erika Wagner   Dorothy Moulton   Frau Heller   Karl Alwin   Josef Szigeti
Maurits Frank   Paul Weingarten   F. Dickenson-Auner   Asquiths Tochter   Walter Caspar   Mr Fleury
P. Mossel   Paul Hindemith   Hr. Heller

In Donaueschingen 1924: Schönberg, Klemperer, Scherchen, Webern, Stein (v. l. n. r.)

Mit dieser Umorganisierung konnten nicht nur bestimmte entlegene Bereiche der musikalischen Produktion in den Mittelpunkt der Diskussion gerückt werden, sondern es wurde auch bei den Komponisten die grundsätzliche Bereitschaft geweckt, wieder für bestimmte Zwecke zu komponieren.

1924 setzte Hindemith die Aufführung von Werken Schönbergs, Weberns und Hauers durch. 1925 gab es zunächst Beispiele der Gattung «Chormusik» und «Kammerkonzert», die Hindemith aus einem Wettbewerb des Schott-Verlages, bei dem er als einer der Juroren fungierte, ausgewählt hatte (nicht alle Werke, die Hindemith auswählte und teilweise noch mit den Komponisten überarbeitete, wurden im Wettbewerb prämiert). Schönberg war der Bitte Burkhards, seine Chöre op. 27 Donaueschingen zur Aufführung zu überlassen, nicht nachgekommen[53]; dafür gewann die deutsche Erstaufführung der Klaviersonate von Igor Strawinsky besondere Attraktivität. Hanns Eisler wurde als ein Talent von überragender Bedeutung vorgestellt. Nach dem Zeugnis Buttings hat Eisler später mit seinen Chören musikalisch an die Donaueschinger Modelle[54], besonders an Hindemith[55], angeknüpft. Das letzte Fest in Donaueschingen von 1926 ist ganz durch die Programmkonzeption Hindemiths geprägt. Neben dem kontinuierlich wieder aufgegriffenen Problem neuer Chormusik waren damals zwei Bereiche besonders bedeutungsvoll: das Problem der mechanischen Musik und Musikwiedergabe sowie das der unterhaltenden Musik. Die Werke, die Hindemith beisteuerte, zeigen die damals vordringlichen Bereiche der mechanischen Musik: mit der Übertragung des *Rondos* aus der *Klaviermusik* op. 37 für das mechanische Welte-Mignon-Klavier illustriert er das Problem der mechanisierten Interpretation, mit der *Toccata* für mechanisches Klavier das Problem der Originalkomposition für das neue Medium und mit der Musik für mechanische Orgel zu Schlemmers «Triadischem Ballett» das Problem der «mechanisierten Musik als ‹angewandte› Kunst»[56]. Mit Kompositionen für Blasorchester (Pepping, Křenek, Hindemith) stellte man Werke vor, die unterhaltend sein sollten, ohne dabei jedoch die Mittel gängiger Unterhaltungsmusik zu benützen: «Die Aufführung von ‹Unterhaltungs›-Musik für Blasorchester ... zeigt schon eine Bewegung an, die in Zukunft

Strawinsky 1924 mit dem Amar-Quartett

noch deutlicher in Erscheinung treten wird: Gebende und Empfangende, ‹Künstler› und ‹Volk› einander näher zu bringen.»[57]

Hindemiths kompositorische Entwicklung in diesen Jahren 1921 bis 1926 ist mit seinen Donaueschinger Aktivitäten vielfach verknüpft. Er hat sich dort als Komponist und Interpret international durchgesetzt. Seinen Donaueschinger Freunden widmet er Werke wie *Kleine Kammermusik* für 5 Bläser op. 24 Nr. 2 (1922, *Geschrieben für die Frankfurter Bläser-Kammermusikvereinigung*, die bei der Uraufführung der *Kammermusik Nr. 1* half) und die *Sonate für Bratsche solo* op. 25 Nr. 1 (1924, *für Ladislav Cerny*) sowie das *1. Streichtrio* op. 34 (1924, *für Alois Hába*). Die *Sonate für Cello solo* op. 25 Nr. 3 (1922, *Da haben wir in Donaueschingen mal ein Wettkomponieren von Cellosonaten gemacht, 4 Sätze habe ich an dem Abend geschrieben*[58]) und die *Sonate für Bratsche solo* op. 31 Nr. 4 (1923), die kleine Kantate *Die Serenaden* op. 35 (1924) sowie die *Kammermusik Nr. 2* (1924) und *Nr. 4* (1925) komponierte er in Donaueschingen und in seiner Urlaubszeit, die er anschließend immer im Mittelgebirge oder in den Schweizer Alpen verbrachte. Die Uraufführungen bedeutender Werke wie etwa die des *Streichquartetts* op. 22 (1921) vertraute er der Donaueschinger Musikgesellschaft aus Dankbarkeit an.

Vor allem aber wurde sich Hindemith nun einer größeren Verantwortung für Material und Wirkung bewußt, die seine Musik allmählich verändert. Am 2. April 1925 schreibt er an den Schott-Verlag: *Ich bin der festen Überzeugung, daß in den nächsten Jahren ein schwerer Kampf um die neue Musik anheben wird, die Vorzeichen dazu sind da. Es wird sich erweisen müssen, ob unsere heutige Musik und darunter auch die meinige fähig ist, weiterzubestehen. Ich glaube natürlich sicher daran, weiß aber ebenso gut, daß die Vorwürfe, die man der Mehrzahl der sogenannten modernen Musik macht, nur allzu berechtigt sind ... Ich bin der Ansicht, daß besonders in den nächsten Jahren größte Reinlichkeit in dergleichen Dingen* [Stilgefühl, Sinn für Material und Wirkung] *unbedingt am Platze ist und ich selbst will dazu tun, was ich kann, sie zu erreichen.*

Bereits 1921 hatte Hindemith einen Hinweis vom Verlag erhalten, den er jedoch unbeantwortet ließ: «Vielleicht sollte man nach den Stuttgarter Erfahrungen die Tristan-Stelle im ‹Nusch-Nuschi› gekürzt, d. h. nur angedeutet bringen, da sich hierüber der brave Bürger scheinbar am meisten erregte.»[59] Am 13. Dezember 1924 aber teilt Hindemith mit: *Ich habe mittlerweile wieder fleißig gearbeitet: ein neues drittes Bild für Nuschi habe ich versuchsweise für Berlin geschrieben, von dem ich hoffe, daß es besser und wirkungsvoller ist als das alte, das mich schon seit langer Zeit ärgert wegen seiner inneren Zersplittertheit.* Über die Uraufführung des *Konzertes für Orchester* op. 38 (1925) schreibt er erstaunlich unsicher: *... mir ist die Uraufführung an nicht sehr hervorragender Stelle ... sehr sympathisch, da ich gewissermaßen probeweise hören kann, ob alles bleiben kann, wie es ist; nachträgliche Änderungen kann ich dann noch immer einfügen. Bei*

Orchesterpartituren sind Schnitzer und Instrumentationsfehler nicht restlos zu vermeiden und ich möchte gerne, daß das Stück tadellos erscheint.[60]

Besonders umsichtig sucht Hindemith ein geeignetes Opernlibretto. *Wenn ich einen guten Text hätte, wäre schon längst ein großer Teil neue Oper fertig*, schreibt er bereits 1922[61], und nach einem Jahr wiederholt er: *Wenn ich einen Operntext hätte, würde ich in einigen Wochen die größte Oper herstellen.*[62] Es müßten Opern geschrieben werden, *die in der Musik das sind, was ein Beefsteak unter den Speisen ist*[63]. Der Versuch, Brecht für eine Zusammenarbeit zu gewinnen, scheitert sowohl 1924 (*Brecht hat auf mein Schreiben gar nicht reagiert*[64]) als auch 1925 (*So Gott will, haben meine fortgesetzten Bemühungen um einen Text bald einen Erfolg. Brecht, ein fauler Kopf, fällt aus*[65]). Der Verlag schlägt eine in der Südsee spielende Handlung vor. Hindemith kommentiert: *Ein Südseestoff oder überhaupt eine Handlung mit sehr ausgeprägtem exotischen Kolorit scheint mir etwas gefährlich. Man kommt da nie ganz um die sehr billigen musikalischen Exotismen herum, die ja doch in Europa erfunden sind und (für mich wenigstens) immer nur ein Suchen nach dem Ausweg aus der Sackgasse darstellen, in die unsere moderne Oper geraten ist.*[66]

Und auf die Anregung, die «Dreigroschenoper» zu vertonen – «Die Art, wie Sie den Foxtrott in Ihrer Kammermusik in das Gebiet der ernsten Musik gezogen haben, würde auch in diesem Fall das Richtige sein: eine veredelte Gassenhauermusik bzw. deren Karikatur, zugleich eine Persiflage auf die moderne Opernmusik eines d'Albert»[67] –, hat Hindemith erst gar nicht reagiert (dieser Vorschlag antizipiert verblüffend genau die spätere Musik von Weill). Die Integrierung von Momenten der ohnehin den musikalischen Markt überschwemmenden Unterhaltungsmusik in die *anständige Musik* weicht spätestens seit 1925 der Konzeption einer auf die Bedürfnisse der Musikverbraucher zugeschnittenen «Gebrauchsmusik»; einer Konzeption, die ihn um 1929 sogar zur repräsentativen Konzertmusik zurückfinden läßt. *Ich möchte*, schreibt Hindemith am 10. September 1925 an den Schott-Verlag, *demnächst mal (eine Gelegenheitsarbeit) einige Violinetüden (6 etwa) schreiben. Die Geigenschüler lernen noch immer so wie vor 50 Jahren – es müßte sehr verdienstvoll sein, den Violinisten einmal einige Anleitungen zur heutigen Technik zu geben.* Der Opernstoff, den Ferdinand Lion, der unter anderem auch Libretti für Eugen d'Albert schrieb, ihm schließlich 1925 liefert, ist ein Künstlerdrama. In der an E. T. A. Hoffmanns Novelle «Das Fräulein von Scudery» angelehnten Geschichte jenes Goldschmieds Cardillac, der die Käufer seiner Schmuckstücke ermordet, weil er sich von seinen Arbeiten nicht trennen kann, scheint Hindemith seinen eigenen Bruch mit der Welt autonomer, bewunderter, den Menschen aber bis zur Feindschaft entfremdeter ästhetischer Werte zu sanktionieren. Jetzt kann sich Hindemith auch ohne Ressentiments seines Lehrers Mendelssohn erinnern; er möchte, daß *der alte Professor Mendelssohn sieht, was nun aus seinem Schüler gewor-*

Bühnenbildentwurf von Ludwig Sievert zu «Cardillac», Frankfurt 1928

den ist. *Können Sie ihm nicht eine (vielleicht geheftete) Cardillac-Partitur schicken?*[68] Die *Kammermusik Nr. 5* widmet er später Mendelssohn.

Dieser Wandel Hindemiths von 1921 bis 1926, der vom *Streichquartett* op. 16 einerseits und vom *Cardillac* andererseits relativ deutlich begrenzt wird, wirkt sich gleichmäßig in allen Gattungen aus: in der Entwicklung von der *Suite 1922* zur *Klaviermusik* op. 37 (1925), die ein dem späteren *Ludus tonalis* (1942) vergleichbares Kompendium seiner Kompositionstechnik jener Zeit abgibt; *ich habe ziemlich lang daran gearbeitet*, bekennt Hindemith im Werkverzeichnis; von den Liedern op. 18 zum *Marienleben* op. 27 bzw. von der *Melancholie* op. 13 zu den *Serenaden* op. 35 (1924), von den Duo-Sonaten op. 11 zu der *Kanonischen Sonatine* für 2 Flöten op. 31 Nr. 3 (1923) oder den (erst 1955 publizierten) Geigenetüden (1925); vom *Streichquartett* op. 16 zum *Trio* op. 34; von den Einaktern zum *Cardillac*. Diese kompositorische Entwicklung Hindemiths, die der «Stabilisierungsphase» der Weimarer Republik auffällig entspricht, wurde bereits in den zwanziger Jahren mit einer Ästhetik der «Neuen Sachlichkeit» in Verbindung gebracht.[69] Der Begriff zeigt eine Gleichzeitigkeit ökonomischer und kultureller Prozesse an, die entweder als der Verlust des

«Absoluten», des «Utopischen», des über die «Realitäten» Hinausweisenden der Musik kritisiert worden ist oder aber gerühmt wurde als eine ihren ästhetischen Gehalt begründende Rücksicht auf die «Realitäten», auf die mit Musik befaßten Menschen.

Die Übertragung dieser 1925 von dem Kunsthistoriker Hartlaub für bestimmte Merkmale in der bildenden Kunst jener Zeit geprägte Bezeichnung auf musikalische Tendenzen ist selbstverständlich problematisch: Der Musik fehlt eben ein gegenständlicher Fixpunkt, an dem sich ihre ausdruckslose «Objektivität», ihr neutraler «Wirklichkeitsbezug» erweisen könnte. Und als «angewandte Kunst», etwa in Verbindung mit einem Text oder der Szene, bewahrt die Musik Hindemiths gerade ihre Autonomie, stellt in Opposition zum traditionellen Verständnis «nur manchmal» [70] den unmittelbaren Bezug zum Text oder zur Szene her. Wirklichkeit ist denn auch für den politisch «linksbürgerlich» [71] eingestuften Hindemith, in dessen gesamten Schriften und Briefwechseln man jedoch vergebens politische Bekenntnisse oder Kommentare sucht, nicht die unmittelbare politische Wirklichkeit der Weimarer Republik, sondern stets mehr die vermittelte, aber als ursprünglich erfahrene musikalische Wirklichkeit, wie er sie vorfindet in den musikalischen Institutionen und als gegeben akzeptiert (Oper, Chor- und Konzertwesen), in den traditionellen oder durch neuartige technische Erfindungen erweiterten Musikformen (Laienmusik, Filmmusik, mechanische Musik, Rundfunkmusik usw.) oder in bestimmten temporären Strömungen (z. B. Musikantengilden) und für die er eine angemessene Musik schreiben will. Diese eher konservative Haltung, die im Werk Hindemiths nun immer stärker hervortreten wird, konnte in den zwanziger Jahren noch unbemerkt bleiben, weil sie, gemessen an den emphatischen musikalischen Fortschrittsparolen der Jahrhundertwende, überhaupt völlig neuartig war; sie wurde von Hindemith mit einer unmittelbaren und spontanen, alles andere als akademisch-trockenen Musik erfüllt und realisierte sich zumeist noch in vernachlässigten oder neuartigen Musizierformen. Hindemiths ursprünglicher Konservativismus blieb demnach als paradoxer Antrieb seiner kompositorischen Entwicklung verdeckt.

Es ist sicherlich übertrieben, mit Eisler die «Neue Sachlichkeit» Hindemiths, des Komponisten der lyrischen *Nachtstücke*, als musikalischen Affront gegen die Ausdruckskunst des 19. Jahrhunderts schlechthin zu interpretieren. [72] Eher hebt sie sich vom Pathos des musikalischen Expressionismus ab, den in den zwanziger Jahren vor allem die Schönbergschule repräsentierte. Wie in der Literatur, so wurde damals auch in der Musik das Wort Expressionismus «in der üblichen ästhetischen Umgangssprache fast nurmehr im entwertenden Sinne gebraucht» [73].

Hindemiths Werke sind in den zwanziger Jahren etwa gleichzeitig mit den Kompositionen der Schönbergschule ins öffentliche Bewußtsein gedrungen. Was jedoch bei Schönberg als radikale Konsequenz spätromantischen Komponierens empfunden, aber als historisch obsolet[74] abgetan wurde – immerhin lebten und komponierten auch noch Strauss, Pfitzner, Schreker, und das gefälligere Spätwerk Max Regers wurde erst jetzt bekannter –, schien in der ästhetischen Position der Hindemithschen Werke «überwunden»: Das *Konzert für Orchester* op. 38 habe, schreibt der Musikwissenschaftler Hans Engel 1932, «in die Nebelschwaden spätromantischer Gefühlsduselei wie ein Blitz eingeschlagen»[75]. In diesem Zusammenhang wachsen der Musik Hindemiths in Deutschland viele Klischees zu: das «Musikantische», das «Unbekümmerte», das Gefühl, bei seiner Musik einem «Urquell der Musik» nahe zu sein. In Frankreich dagegen rücken Schönberg und Hindemith als Repräsentanten neuer deutscher Musikkultur als vergleichbar zusammen[76] und werden als grüblerisch, akademisch und gefühllos verworfen; umgekehrt empfindet man in Deutschland die Neigung zum Unterhaltenden in der Musik Hindemiths als «französisch».[77]

Gemessen am Pathos des Expressionismus erscheint Hindemiths Musik «sachlich», doch teilt sie mit dem Expressionismus eine Konstruktivität, die beispielsweise an den kontrapunktischen Fertigkeiten ablesbar ist, aber ganz unterschiedlichen Zwecken dient. In der Schönbergschule intensiviert und steigert der Kontrapunkt alle thematischen Ereignisse, während bei Hindemith die kontrapunktischen Anlagen eher motivisch-thematische Arbeit ersetzen. Konsequent ändert sich in der Hindemithschen Vokalmusik auch das Wort-Ton-Verhältnis. Wird in den Liedern op. 18 gleichsam jedes Wort in der satztechnisch dominierenden Singstimme durch den begleitenden Klavierpart kommentiert, so bildet im *Marienleben* op. 27 die Musik, in der die Singstimme nur noch eine nebengeordnete Stimme abgibt, einen zum Text konzipierten Widerpart: Der Textsinn ist im musikalischen Ausdruck, der immer schon in den ersten Takten festgelegt wird, und in der musikalischen Konstruktion sublimiert. Die Musik ist von vordergründiger Koloristik oder Illustration nahezu vollständig befreit und scheint durch ihre satztechnische und formale Geschlossenheit sowie die modalen Wendungen der Atmosphäre der Rilkeschen Gedichte entsprechen zu wollen.

Hindemith hat am *Marienleben*, das bereits in den zwanziger Jahren im neuartigen Wort-Ton-Verhältnis, in der Strenge der Form und der Satztechnik als epochal, als Paradigma und erste Erfüllung der neuen Musik der zwanziger Jahre schlechthin empfunden wurde[78], ungewöhnlich lange und sorgfältig gearbeitet: *Das war nicht leicht zu machen*, kommentiert er im Werkverzeichnis. Die Lieder zeigen auch noch deutliche stilistische Unterschiede. Das zuerst komponierte Lied *Pietà* (27. Juni 1922) trägt die Faktur der Lieder op. 18; zuletzt entstanden die Lieder, welche mit der Übernahme von absolut musikalischen Formen wie Passacaglia, Fugato, Thema mit Variationen oder Basso ostinato die neue musikalische Haltung deutlich ausbilden (als letztes Lied komponierte Hindemith *Vom*

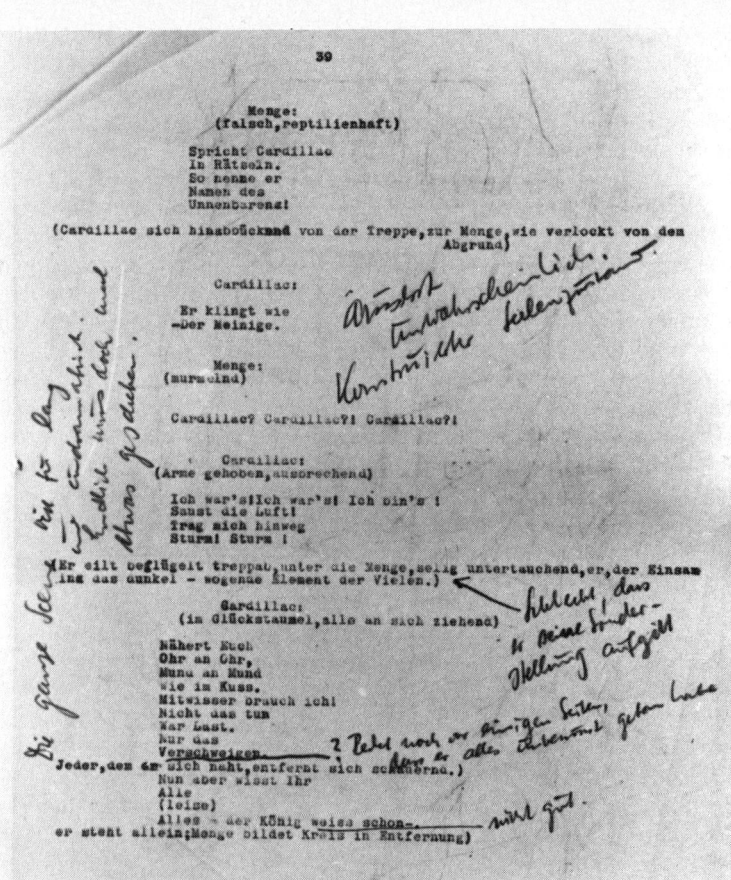

Libretto-Entwurf zum «Cardillac» mit Randbemerkungen von Hindemith

Tode Mariae II am 4. Juli 1923). Hindemith hat die Lieder zur Zeit ihrer Entstehung hoch eingeschätzt: *Ich habe die Stücke sehr gern und ich bin froh, daß sie mir so gut gelungen sind – und ich glaube auch nicht, daß zur Zeit ein Liederzyklus von ähnlichen Ausmaßen komponiert worden ist.*[79]

In seinen Kammermusikwerken aus dieser Zeit, dem *Klarinettenquintett* op. 30 (1923, publiziert ist nur die Neufassung von 1954), dem *Streichquartett* op. 32 und dem *Streichtrio* op. 34, hat sich Hindemith im Gegensatz zu den eher rhapsodischen Quartetten op. 16 und op. 22 um einen sinnvollen großformalen Zusammenhang auf der Grundlage einer primär

51

kontrapunktischen Satztechnik bemüht. Über das Quintett, das Hindemith innerhalb von vier Tagen teilweise gleich in Stimmen niedergeschrieben hat, berichtet er: *Vielen Leuten hat es nicht gefallen; denen es aber gefallen hat, war es lieber als alles, was sie von mir kannten. Ich glaube, es ist ein gutes Stück (sehr schwer für die Klarinette allerdings) und Bekker könnte mit seiner Besprechung ungefähr recht haben.*[80] In der erwähnten Besprechung heißt es: «Es ist fünfsätzig gebaut, das inhaltliche Schwergewicht ruht in den drei Mittelsätzen: einer langsamen Fuge, deren in immer breiterer Entfaltung aufquellender Gesang zu dem Zartesten und Innigsten gehört, was in neuerer Zeit nicht nur von Hindemith, sondern überhaupt geschrieben worden ist. Es folgt das burleske Gegenstück: ein Walzer mit Jodlerthemen für die grelle Es-Klarinette und ein kurzer, intermezzoartiger Adagio-Abschluß, in den die Klarinette nur mit langgehaltenen tiefen Klängen wie aus der Ferne rufend hineinstößt. Umrahmt wird diese vom Spielcharakter der Klarinette bestimmte Mittelgruppe durch zwei lebhafte Außensätze, in denen das Formproblem des Aufbaus liegt.»[81]

Im *Quartett* op. 32 und im *Trio* op. 34 dagegen ruht das Gewicht auf den Ecksätzen. Im Quartett gibt die einleitende *Fuge* das satztechnische Gerüst einer geradezu rüden, aggressiven Klanglichkeit ab und zeigt auf das Äußerste gesteigerte Virtuosität in allen Stimmen. Die beschließende *Passacaglia* spielt als der gewichtigste Satz des Werkes deutlich auf das notorische «Finalproblem» an, und das abschließende *Fugato* greift auf das Fugenthema des ersten Satzes zurück. Auch im Trio – *Da wollte ich noch einmal dieselben Sachen ausprobieren wie im Streichquartett op. 32* (Kommentar im Werkverzeichnis) – signalisieren die Satztitel *Toccata* bzw. *Fuge* des ersten und letzten Satzes alles andere als neobarocke, klassizistische, verinnerlichende Tendenzen: In der *Toccata* laufen, durch ein Ritornell-Thema gegliedert, im rasenden Zeitmaß je ein Concertino für Violine, Bratsche und Cello ab, und in der *Fuge*, die sich bei ähnlicher Thematik als beschließender Satz deutlich von der einleitenden *Fuge* aus op. 32 unterscheidet, arbeitet Hindemith mit einer ungewöhnlichen kontrapunktischen Kunstfertigkeit eine turbulente, der Kammermusik eher fremde Klanglichkeit aus. «Sachlich» ist diese Kammermusik Hindemiths in ihrer unmittelbaren instrumentalen Präsenz; sie ist weder üppig, harmonisch schwelgend noch klanglich verströmend und formal verschlungen, sondern überschaubar, knapp, prägnant. Aus ihr ist alles verbannt, was nicht unmittelbar erfahrbar und nachvollziehbar wäre. In dieser ästhetischen Gestalt ist die «Neue Sachlichkeit» Hindemiths das, was der Musikkritiker Paul Bekker als «eine absolut und bewußt antimetaphysische Musikauffassung»[82] diagnostiziert, die bereits 1929 der Soziologe Karl Mannheim mit dem gesamtgesellschaftlichen Prozeß in Verbindung bringt: «Es drängt hier eine Bewußtseinshaltung zur Weltgestaltung, für die sich alle Ideen blamiert, alle Utopien zersetzt haben.»[83]

Hindemith hat die kompositorische Haltung seiner Kammermusikwerke in den *Kammermusiken* op. 36, einer Reihe von Solokonzerten mit Kammerorchesterbegleitung, aufgegriffen und weiter ausgebaut. Er benennt ihre Faktur – negativ – in einem Gutachten, das er als Preisrichter für jenen schon genannten Kompositionswettbewerb anfertigte: *Der Begriff «Solokonzert» ist fast nirgends richtig erfaßt. Wohl wird mit Soloinstrumenten gearbeitet, aber sie konzertieren nicht. Bei anderen ist das geforderte «Kammerorchester» lediglich ein reduziertes großes Orchester, das (nach Art etwa des Ariadne-Orchesters) sich darauf beschränkt, mit zusammengeschrumpften Mitteln ähnliches Getön zu machen wie bisher die größeren Musikermengen. Dieses Kammerorchester hat meines Erachtens nichts mit dem richtigen Kammerorchester zu tun, in dem nur wenige Instrumente von ganz bestimmtem (durch das Stück bestimmtem) Charakter beschäftigt sind und mit dem wirklich kammermusikalisch gearbeitet wird.*[84].

Die *Kammermusiken* op. 36 sind denn auch gegenüber der *Kammermusik Nr. 1*, die sie lediglich numerisch fortsetzen, anspruchsvoller komponiert. Hindemith bemüht sich in diesen Werken darum, die ursprüngliche Bewegungskontinuität mit einer überzeugenden musikalischen Formdisposition in Übereinstimmung zu bringen und kommt in jedem der Werke zu eigenwilligen Lösungen.

In der *Kammermusik Nr. 2*, dem Klavierkonzert op. 36 Nr. 1 (1924), ist die Orchesterbegleitung noch chorisch angelegt. Es gibt, vom *Potpourri* abgesehen, kaum solistische Orchesterstimmen. Im *Cellokonzert* op. 36 Nr. 2, der *Kammermusik Nr. 3*, die Hindemith ein Jahr später komponierte, konzertieren dagegen alle Stimmen gleichermaßen, wobei die Solo-Cellostimme lediglich dominiert. Hindemith hat denn auch die Satztechnik entsprechend modifiziert. Im zweiten Satz aus diesem Konzert lassen sich zum Beispiel drei Themenkomplexe unterscheiden, die er verschieden ausgearbeitet hat: ein gliederndes, ritornellartig, unisono im Orchestertutti vorgetragenes Thema, dann ein vor allem sich entwickelndes, mannigfach motivisch-thematisch verarbeitetes Thema und schließlich ein eher fortspinnendes, in repetierten Achteln durchlaufendes Motiv, das gleichsam aus dem figurativen Begleitsystem zum zweiten Thema hervorgeht. Indem nun im weiteren Verlauf des Satzes dieses Begleitsystem des zweiten Themas schrittweise vom dritten Thema ersetzt wird, verbindet der Verlauf des Satzes Momente der Durchführung mit denen der Reprise (einige Teile werden sogar genau wiederholt). Im zweiten Satz aus der *Kammermusik Nr. 4*, dem Violinkonzert op. 36 Nr. 3, das im gleichen Jahr wie das Cellokonzert entstanden ist (*das habe ich sehr gerne gemacht*, kommentiert Hindemith im Werkverzeichnis), bekommt nun solche dem Cellokonzert analoge Formdisposition einen auf die Sonatensatzform bezogenen Formsinn: In der Reprise wird der selbständige Ausdruck der drei Themenkomplexe nicht durch kontrapunktische

Synthesen nivelliert, sondern er wird durch ständig sich erneuernde Figurationen in der Solovioline gestützt. So gibt die Sonatensatzform in diesem Satz zugleich die formale Substanz einer außerordentlich gesteigerten Virtuosität ab.

Das zwei Jahre später komponierte Bratschenkonzert op. 36 Nr. 4, die *Kammermusik Nr. 5*, zeigt nun wieder eine völlig andere Faktur. Alle musikalischen Ereignisse werden von der kontrapunktischen Anlage bestimmt. Im wesentlichen lassen sich im ersten Satz zum Beispiel zwei Satztypen unterscheiden: der eine ist durch eine über dem pochenden Orchestertutti ablaufende Figuration in der Solobratsche bestimmt, die sich immer wieder, etwa in der Verschiebung von Akzenten auf verschiedene Taktteile, erneuert. Im zweiten Satztyp wird die Bratschenstimme stets imitatorisch, zumeist sogar kanonisch begleitet. Dieser oft «steigernd» angelegte Satztyp führt immer zum ersten Satztyp, der dann einfach abbricht. Mit diesen elementaren Satztypen realisiert Hindemith zugleich verschiedenartige Klangcharaktere, die als das musikalisch Besondere zu gelten haben. Während so der Satz abrollt, kennt er doch keine eigentliche Entwicklung: er läuft in einem auskomponierten Ritardando einfach aus.

In allen Sätzen der *Kammermusiken* stützt die Instrumentation stets ihren charakteristischen Ausdruck; und jedes Konzert wiederum ist durch eine besondere Orchesterbesetzung ausgezeichnet. Einen analogen formalen Aufbau (bei unterschiedlicher Gewichtung der Sätze) tragen die *Kammermusiken Nr. 1* und *3*, die jeweils mit einer kurzen, direkt zum zweiten Satz überführenden Einleitung beginnen, worauf ein langsamer und wieder ein schneller Satz folgen. Auch der Aufbau der *Kammermusiken Nr. 2* und *5* ist entsprechend: nach einem schnellen, kontrastlos durchlaufenden Satz schließen sich ein langsamer, ein scherzoartiger und ein schneller Satz an (in der *Kammermusik Nr. 5* ist es die *Variante eines Militärmarsches*). Die *Kammermusik Nr. 4* ist als einzige fünfsätzig; die jeweils ineinander übergehenden Sätze Nr. 1 und 2 sowie Nr. 4 und 5 schließen das berühmte *Nachtstück* ein. Die Ecksätze korrespondieren darüber hinaus in ihrer Kontrasthaftigkeit. Der erste Satz, in dem die Solovioline schweigt, ist ungewöhnlich dunkel abgetönt und wird von im Piston herausgeschmetterten Fanfaren beherrscht; den letzten Satz durchrast die Solovioline so schnell wie möglich, teilweise in höchster Lage, während das Orchester auf kurze Einwürfe, in denen ein Walzerrhythmus aufgenommen ist, beschränkt bleibt, also nicht mehr als Tutti erscheint.

Im *Konzert für Orchester* op. 38 (1925) hat Hindemith diese Technik seiner *Kammermusiken* auf die Besetzung des normalen Symphonieorchesters übertragen: Im ersten Satz wird ein Concertino von Oboe, Fagott und Violine durch ein ritornellartiges Thema gegliedert; dem zweiten Satz verleihen vor allem die Streicher ein ungewöhnlich gleißendes, metallisches Kolorit; der dritte Satz ist ein düsterer *Marsch* der Holzbläser,

1927

und der letzte Satz entfaltet schließlich über einem Basso ostinato in imitatorischen Stimmeinsätzen das Orchestertutti. Als Zusammenfassung seiner kompositorischen Erfahrung jener Zeit darf die Oper *Cardillac* op. 39 (1926) gelten, in der Hindemith auf all die prägnanten, auf gewisse Standards reduzierten Satztypen seiner Instrumentalmusik zurückgreift, auf die Unterhaltungsmusik (*Wirtshausmusik*), auf das lyrische Nachtstück (*Lied der Dame*), auf das Concertino (*Pantomime* I. Akt, *Lied der Tochter*), auf die Passacaglia, das Fugato und den Basso

55

ostinato. Durch den Primat solcher absolut-musikalischer Formen gilt diese Oper als Beispiel der ganz von der Musik ausgehenden «Musizieroper»; an einigen Stellen wurden die Worte sogar der bereits komponierten Musik nachträglich eingepaßt. Der innere Abstand dieser knappen, komprimierenden Opernmusik Hindemiths zur expressionistisch verkürzenden Sprache des Librettisten Ferdinand Lion ist entweder als eigentümlicher Reiz oder aber als empfindlicher Mangel dieser Oper bewertet worden. Die Beziehung zwischen Szene, Text und Musik ist ungemein komplex und vielfältig. Sie reicht, ohne die Erfahrungen der Filmmusik oder der Revue auszuklammern, vom absoluten Vorrang der Musik etwa bei der *Pantomime* über die musikalisch geschlossenen, zumeist dreiteiligen Formen besonders der lyrischen Nummern, in denen die innere Stimmung, nicht so sehr der Sinn der Worte, komponiert ist, zu den musikalisch offenen Formen, die mit dem szenischen Ablauf übereinstimmen; sie reicht von der bloß rezitativischen Untermalung bis hin zum Aussetzen der Musik als Moment höchster dramatischer Spannung. Es gelingt Hindemith zugleich, in diesen geschlossenen Nummern sowohl das Zuständliche der jeweiligen dramatischen Situation zu erfassen – man vergleiche beispielsweise die analogen Arien des Kavaliers aus dem ersten und des Offiziers aus dem dritten Akt –, als sie auch nach übergeordneten architektonischen Prinzipien zu ordnen. So korrespondiert, um nur die auffälligsten Merkmale zu nennen, in den gewichtigen Chorpartien der erste Akt mit dem dritten, während der zweite Akt in sich reprisenhaft angelegt ist. Die Aufteilung der Handlung in abgeschlossene Nummern, die dramatische Auswertung der absoluten musikalischen Form, die Eindeutigkeit des Ausdrucks, die sprechende Bewegtheit der Melodien, die Prägnanz des Orchesterkolorits, das sich auf ein durch Schlagzeug und Klavier erweitertes Kammerorchester stützt und in der Bevorzugung der Bläser ‹abenteuerlich› klingt, die Beseitigung des falschen Pathos und der weitgehende Verzicht auf illustrative Musik in Hindemiths *Cardillac* entsprechen geradezu paradigmatisch den Kriterien, die Kurt Weill für den neuen Operntypus der zwanziger Jahre aufgestellt hat.[85]

Musik nach Maß

Hindemiths musiktheoretische Vorstellungen hatten sich noch längst nicht abgeklärt, als Leo Kestenberg ihn 1927 an die Berliner Hochschule für Musik rief. Zwar schwebte ihm bereits seit den frühen zwanziger Jahren ein allgemeinverbindlicher musikalischer Stil[86] vor, die theoretischen Grundlagen jenes Stils erarbeitete er sich jedoch erst mit Hilfe seiner pädagogischen Tätigkeit.

Hindemith hatte nicht das Gefühl, aus der Provinz Frankfurt in die Metropole Berlin zu ziehen. Zweifellos wäre er lieber in Frankfurt geblieben, wenn sich ihm hier entsprechende Möglichkeiten eröffnet hätten (Kestenbergs Plan, das Hochsche Konservatorium in eine neu zu gründende Hochschule für Musik einzugliedern, der Hans Mersmann hätte vorstehen sollen, scheiterte am Widerstand Frankfurts[87]). Berlin galt in den frühen zwanziger Jahren als musikalisch konservativ; Uraufführungen wurden eher an Städte wie Köln, Dresden, Leipzig, Frankfurt oder Stuttgart vergeben.[88] Die neue Musik konnte sich nur in engen, aus der Initiative einzelner Persönlichkeiten hervorgehenden Zirkeln halten, wie etwa in der 1919 von Hermann Scherchen gegründeten «Neuen Musikgesellschaft», die durch Friedolin Windischs «Melos-Gemeinschaft» abgelöst wurde und deren Zeitschrift «Melos» zum publizistischen Organ der neuen Musik in Deutschland schlechthin avancierte. In ihren Konzerten war Hindemith ohne den nachhaltigen und spektakulären Erfolg vertreten gewesen, den er in Donaueschingen erzielte. Immerhin spielte Eduard Erdmann 1920 in der «Neuen Musikgesellschaft» die Uraufführung der Klaviersonate op. 17, und in den ersten Jahrgängen von «Melos» erschienen Fragmente aus Hindemiths op. 15, op. 17 und op. 18 als Beilagen.

Das Musikleben Berlins, in dem beispielsweise Schönberg weder 1902/03 noch 1910/11 Fuß fassen konnte, gewann erst Gestalt, als sich die Reformen Leo Kestenbergs auswirken konnten, der 1918 als Musikreferent ins preußische Kultusministerium berufen worden war und die Musikabteilung des Berliner Zentralinstituts für Erziehung und Unterricht leitete. Getragen von der Überzeugung, daß der Musik ethische und humanisierende Kräfte innewohnen, die eine Persönlichkeit geistig und seelisch harmonisch zu formen und Gemeinschaft zu stiften vermögen[89], gestaltete er das gesamte musikalische Erziehungswesen Preußens um und begründete durch eine glückliche und umsichtige Berufungspolitik Berlins Ruf als das – Paris ablösende – Zentrum der Musik schlechthin. 1920 gelang es ihm, Busoni zur Übernahme einer Kompositionsklasse an der Preußischen Akademie der Künste in Berlin zu bewegen. Nach Busonis Tod 1924 gewann er als dessen Nachfolger Arnold Schönberg. An die Spitze der Berliner Hochschule holte Kestenberg 1920 Franz Schreker. Seit 1923 wirkte Erich Kleiber an der Staatsoper (er brachte 1926 Bergs «Wozzeck», 1930 Milhauds «Christoph Colombe» heraus). Bruno Walter leitete seit 1925 die Städtische Oper Charlottenburg, und seit 1927 konnte Otto Klemperer seine vorbildlichen interpretatorischen, programmlichen und inszenatorischen Vorstellungen an der «Krolloper» verwirklichen. Dem Berliner Philharmonischen Orchester stand Wilhelm Furtwängler vor.

Analog wandelte sich auch die maßgebliche Berliner Musikkritik: Die Auseinandersetzung mit der neuen Musik, die der einflußreiche Berliner Musikkritiker Adolf Weissmann unter dem Titel «Die Entgötterung der Musik»[90] 1928 führte, war anachronistisch geworden; mittlerweile hatte sich die Kritik mit Hermann Springer, Walter Schrenk, Siegmund Piesling und Hans Heinz Stuckenschmidt erneuert und verjüngt.[91] Vor allem fand Hindemith in Heinrich Strobel, der seit 1927 in Berlin arbeitete, einen Apologeten, der 1928 die erste deutsche Hindemith-Monographie publizierte.

Mit Hindemith holte Kestenberg offenbar bewußt einen Repräsentanten aus der Generation der Schüler Busonis, Schrekers und Schönbergs nach Berlin, zu denen Hindemith engen Kontakt hatte und die sich größtenteils an seiner kompositorischen Entwicklung orientierten. Hindemith las Busonis einflußreiche Schrift «Entwurf einer neuen Ästhetik der Tonkunst» bereits 1916. Er lehnte damals deren spekulative Züge ab, wie umgekehrt Busoni ein eher distanziertes Verhältnis zu Hindemith hatte, den er seit 1923 persönlich kannte: «... der komponiert mit derselben Selbstverständlichkeit, wie ein Hund bellt und ein Hahn kräht ...», schrieb er 1923 an Jarnach[92], «was ich bedaure ist das Wesen, das man von dem komponierenden Bratschisten macht und das ihn in dem Glauben an seine erreichte Meisterschaft bekräftigt: womit ich eigentlich es besser mit ihm meine als seine Anstauner». Es war das Amar-Quartett, das die Quartette der Busoni-Schüler Jarnach, Vogel und Weill uraufführte. Hindemith suchte 1927 in Berlin, gleich nach seiner Übersiedlung, auch Schönberg auf (Eintragung in Hindemiths Taschenkalender); ein Kontakt zwischen ihnen ergab sich aber auch jetzt nicht. Schreker wiederum, Hindemiths unmittelbarer Vorgesetzter an der Hochschule in Berlin, dürfte sich kaum mit Hindemiths Aktivitäten identifiziert haben; er hat ihn aber auch nicht behindert, sich ihm mit seinen «4 kleinen Stücken»

(1931) für Orchester vielleicht sogar angenähert. Hindemith seinerseits hat sich stets für Schreker eingesetzt: Er war in den fünfziger Jahren der einzige namhafte Musiker, der noch wiederholt Schrekers «Kammersinfonie» und das Vorspiel zur Oper «Die Gezeichneten» dirigiert hat.

Hindemiths Verhältnis zu den Dirigenten blieb in den zwanziger Jahren ambivalent: Einerseits erfüllte sich sein musikalisches Ideal im kammermusikalischen, solistischen Musizieren (Hindemith hat in den zwanziger Jahren nur in Bochum dirigiert), und bis auf das *Konzert für Orchester* schrieb er damals kein einziges Werk für ein normal besetztes Symphonieorchester, für das repräsentative, vom Dirigenten beherrschte Symphoniekonzert; andrerseits konnte er noch als Konzertmeister des Frankfurter Opernorchesters bedeutende Dirigenten für seine Kompositionen interessieren. Fritz Busch, Gastdirigent der Frankfurter Museumskonzerte, nahm die beiden Einakter *Mörder, Hoffnung der Frauen* und *Das Nusch-Nuschi* in Stuttgart sowie den *Cardillac* in Dresden zur Uraufführung an; Wilhelm Furtwängler lernte Hindemith in Frankfurt als Nachfolger Willem Mengelbergs kennen. Der Nachfolger Furtwänglers, Hermann Scherchen, der unter anderem Hindemiths *Kammermusik Nr. 1* uraufführte, fühlte sich bis zum Ende der zwanziger Jahre mit Hindemith ver-

Das Amar-Quartett mit Ferrucio Busoni und Philipp Jarnach

bunden: «Ich bin glücklich», schreibt er nach der Uraufführung der ihm gewidmeten *Konzertmusik für Blasorchester* op. 41 (1926), «endlich mal so mit ihm zusammen zu sein.»[93] Und Clemens Krauss, Nachfolger Scherchens und der neuen Musik gewiß nicht zugetan, dirigierte immerhin die Uraufführung der *Kammermusik Nr. 2* (1924) sowie die Frankfurter Premiere des *Cardillac* (1928). Unter den ausländischen Dirigenten wurden zuerst Serge Koussewitzky und Leopold Stokowsky auf Hindemith aufmerksam. Mit Koussewitzky spielte Hindemith in Paris die *Kammermusik Nr. 5* (1928), und für das fünfzigjährige Jubiläum der von Koussewitzky geleiteten Bostoner Symphoniker schrieb Hindemith 1930 die *Konzertmusik für Streicher und Blechbläser* op. 50 (das letzte Werk, das Hindemith mit einer Opus-Zahl versah).

Besonders beeindruckt hat Hindemith jedoch die unsentimentale Interpretationskunst Otto Klemperers, des bedeutendsten Hindemith-Dirigenten Ende der zwanziger Jahre. Erst Klemperer verhalf dem *Cardillac* mit seiner Wiesbadener Aufführung zum Durchbruch (1928), erspielte mit Hindemith als Solisten eine triumphale Uraufführung der *Kammermusik Nr. 5* (1927) in Berlin und dirigierte die Uraufführungen der Oper *Neues vom Tage* (1929) an der Krolloper sowie des Oratoriums *Das Unaufhörliche* (1931). Für Klemperer charakterisieren die Namen Strawinsky

und Hindemith die spezifische Atmosphäre seiner Krolloper. «Ach wissen Sie», erinnert sich Klemperer 1969, «der Augenblick, als Hindemith Anfang der zwanziger Jahre auf der Bildfläche erschien, seine ersten Quartette und so weiter, das war famos. Frische Luft und kein Pathos mehr ... Ich fand Hindemith persönlich sehr sympathisch.»[94] Zu Wilhelm Furtwängler hat sich erst in Berlin näherer Kontakt ergeben. Schrieb Hindemith 1922 noch unverhohlen, Furtwängler habe für seine Musik *ja gar keine Ader*[95], so spielte er 1930 mit Furtwängler und den Berliner Philharmonikern in Hamburg die Uraufführung der *Konzertmusik für Bratsche und größeres Kammerorchester* op. 48, und zum fünfzigjährigen Jubiläum der Berliner Philharmoniker schrieb er das von Furtwängler bestellte *Philharmonische Konzert* (1932). Besonders gern übernahm Hindemith bei Furtwänglers Konzerten die Solobratsche in Berlioz' «Harold in Italien».

Hindemith hätte Ende der zwanziger Jahre als Solist reisen können – er galt weithin als der bedeutendste deutsche Bratscher seiner Zeit –, doch hat er 1929 mit dem Geiger Josef Wolfsthal (später Szymon Goldberg) und dem Cellisten Emanuel Feuermann wieder ein Kammermusikensemble gegründet, so daß er sich weitere Bereiche der musikalischen Literatur erschließen konnte.

Wilhelm Furtwängler

Links:
Hindemith,
Gieseking
und Klemperer

Hindemith, dem Komponisten der *Suite 1922* oder der *Kammermusik Nr. 1*, war das spezifische Berliner kulturelle Klima, das dem «sportlichen Einfluß der jungen amerikanischen Kultur»[96] unterlag, durchaus nicht fremd. Er begeisterte sich nun einmal für Kabarett, Film und Revue, für Charlie Chaplin, Buster Keaton und Harold Lloyd ebenso wie für die Inszenierungen etwa an der Krolloper. Erklärte Weissmann noch, man könne immer wieder «den Künstler in zweifelnder Haltung gegenüber dem Sport beobachten»[97], so nahm Hindemith in Berlin Box- und Schwimmunterricht, begann seinen Tagesablauf gern mit einem Waldlauf, besuchte spektakuläre Fußballspiele und machte seinen Führerschein. Aber Hindemith nimmt auch Latein- und Mathematikunterricht.

Lion, der Hindemith häufig in Berlin besuchte, skizziert folgendes Porträt: «In der Weimarer Zeit erschien von einem unbekannten Autor [Lion] eine Komödie mit dem Titel: ‹Zwischen Indien und Amerika›, auf dem komischen Grundmotiv, daß Deutschland bald zu Tagore, bald zu Ford neige, abwechselnd zu beiden. Bei Hindemith schmilzt beides ineinander, wird beides zum Ganzen. In dieser Hinsicht hätte er Praeceptor Germaniae werden sollen. Beides läßt sich in ihm nicht trennen: er liebt Großstadt mit rasendem Verkehr, fühlt sich aber doch wohler in einem

Kurt Weill

Wohnung am Sachsenplatz in Berlin

Abstand, wie in seiner Frankfurter Zeit in einem Turm am Main ... oder später in Berlin an einem Platz [Sachsenplatz, heute Brix-Platz] weit draußen. Am liebsten ist ihm Waldesrand, jedoch nicht, um wie ein Romantiker im Halbdämmer zu träumen.»[98]

Von seinen alten Frankfurter Freunden lebten Hans Flesch und Rudolf Heinisch in Berlin. Regelmäßige Besuche statteten ihm neben Strawinsky seine Freunde Milhaud und Honegger ab, deren Musik er neben den Werken Prokofiews, den er in Paris kennengelernt hatte, damals uneingeschränkt bewunderte. Mit Artur Schnabel, dem bevorzugten Partner beim sonntäglichen Eisenbahnspiel, und dem früh verstorbenen Geiger Josef Wolfsthal, Konzertmeister an der Krolloper, freundete er sich an. Kameradschaftlicher und freundschaftlicher Umgang ergab sich mit den Schriftstellern Alfred Döblin, Bertolt Brecht, Marcellus Schiffer, Gottfried Benn, Ernst Penzoldt und Carl Zuckmayer. Der einzige in Berlin lebende deutsche Komponist, mit dem Hindemith intensiveren Kontakt hatte, war Kurt Weill, dessen Violinkonzert er in seinem Unterricht eingehend analysierte[99]; gemeinsam komponierten sie Brechts «Lindberghflug».

Als Hindemith am 1. Mai 1927 seinen Unterricht an der Berliner Hochschule für Musik aufnahm, leiteten Egon Petri, Leonid Kreutzer und Artur Schnabel Klavierklassen; den Violinklassen standen Gustav Havemann, Carl Flesch und Georg Kulenkampff, der Celloklasse Emanuel Feuermann vor. Direktor Franz Schreker führte neben Hindemith eine Kompositionsklasse; der Musikwissenschaftler Georg Schünemann war stellvertretender Direktor und galt als die treibende Kraft. «Mit Hindemith», resümiert Stuckenschmidt, «war der Repräsentant einer gewandelten Ästhetik, ein Künstler des Experiments und der Verbindung zur technischen Welt gekommen. Die gewandelte Hochschule umfaßte nun Seminar, Kapellmeister-, Opern-, Opernchor- und Orchesterschule, dazu die von Carl Ebert gegründete Schauspielschule. Psychologie und experimentelle Pädagogik hatten Einlaß gefunden. Es gab Sonderkurse über modernste Probleme. Viertel-, Drittel- und Sechsteltonmusik wurde gefördert, außereuropäische Tonkunst auf ihren Instrumenten gespielt. Schünemann betrieb alle diese Dinge, sorgte für die Erwerbung des berühmten Hornbostelschen Phonogrammarchivs und gab Curt Sachs die Leitung der Instrumentensammlung. Weit in die Zukunft griff er mit der Entwicklung der Funk-Versuchsstelle, die seit 1927 die Rolle des Rundfunks im Musikleben untersuchte, wobei Alfred Braun, Carl Hagemann, der Elektroakustiker Dr. Erwin Meyer, der Dirigent Bruno Seidler-Winkler, die Komponisten Max Butting und Hindemith halfen. Dank der Hochschule konnte Dr. Friedrich Trautwein das elektronische Trautonium entwickeln, das später Oskar Sala zur heutigen Form gebracht hat. Hindemith war der erste, der dafür komponierte. Damals bekam Berlins Hochschule ihren Weltruf.» [100]

Hindemith hat über seinen Unterricht einen ausführlichen Bericht verfaßt: *Der Unterricht beginnt um 9 Uhr, die Schüler sind versammelt. Schüler A bringt die Instrumentation eines Klavierstückes aus der Zeit um 1900, zweitklassige Musik, die sich für Instrumentationsversuche gut eignet, da sie sehr klavierauszugsmäßig gesetzt ist; beim Mißlingen des Versuches wird kein Meisterstück geschändet. Die Partitur ist für großes Orchester angelegt, der Schüler beherrscht die Orchestertechnik ganz gut, da er als angehender Dirigent viel mit dem Orchester zu tun hat. Schwierigkeiten hat er beim Setzen des vollen Orchesters, auch die Mischungen zwischen Holz und Blech gelingen ihm nicht. Er wird korrigiert, und zur Erhärtung der Belehrungen wird eine Anzahl Partituren von Brahms, Wagner und Bruckner herangezogen. In den Geigen sind Doppelgriffe, die nicht ausführbar sind; die Bogenstriche gehen nicht auf. Auf einer Geige werden ihm die Stellen vorgeführt, die damit im Zusammenhang stehende Spieltechnik – Lagenwechsel, Fingersätze – besprochen. Die Posaunen haben ein tiefes E, und da er nicht einsehen will, daß dieser Ton in manchen Zusammenstellungen nicht anwendbar ist, zeigt man ihm auf dem Instrument die Ausführung. Wenn er praktisch vor sich sieht, daß der Bläser für das Intervall E-B den Zug um einen halben Meter verschieben muß, wird er sich das nächste Mal sicher hüten, diese Bindung in lebhaftem Zeitmaß zu verlangen.*

Der Schüler B führt einen Streichquartettsatz am Klavier vor. Zunächst erklärt er den Bau des Stückes, das thematische Material und die Verarbeitung. Nach oberflächlichem Durchspielen stellt sich heraus, daß die Form des Satzes nicht den Themen entspricht. Jeder Schüler beteiligt sich an der

Beratung und macht Vorschläge zur Besserung ... Die Art der Arbeit wird besprochen, Debatten über Kammermusikstil und Spielweisen verschiedener bekannter Vereinigungen schließen sich an. Ein neues Quartett wurde vor kurzem in einem Konzert aufgeführt; da die Schüler über das Stück gerne Bescheid wüßten, wird es vierhändig nach der Partitur durchgespielt und auf alle stilistischen Eigenschaften untersucht. Von einem Satz wird eine genaue harmonische und melodische Analyse hergestellt. Weitere Fragen müssen beantwortet werden: Über die Verbreitungsmöglichkeit von Kammermusik, über das Konzertwesen überhaupt, über Vermittler, Säle, Reklame, Konzertgesellschaften und Aufführungsgebühren.

Schüler C bringt eine Satzaufgabe, er hat ein Volkslied vierstimmig gesetzt. Die Fassung ist nicht befriedigend. Die ganze Klasse muß zur Übung sogleich die Aufgabe lösen, nach einer kurzen Zeit werden die Lösungen der einzelnen Schüler durchgespielt, besprochen und verbessert. Inzwischen arbeitet Schüler C unter Aufsicht des B seine Aufgabe um. A übt derweil in einem Nebenraum Klarinette, wobei ich ihn unterweise.

Schüler D hat einen Männerchor geschrieben. Da ihm die Satzweisen für Instrumente sehr leicht fielen und auch seine ganze Melodie und Klangbild der Instrumentaltechnik allzusehr angepaßt war, soll er einige Zeit nur für Vokalbesetzungen schreiben ...

Bei einer zweifelhaften Stelle konnte der Komponist keine Erklärungen geben und fand als letzte Begründung die Behauptung, sie sei ihm in dieser Form eingefallen. Ein Streitgespräch erhebt sich, in dessen Verlauf wir an klassischen Beispielen und an den heute vorgelegten eigenen Kompositionen zu ergründen suchen, wie weit bei einem Thema oder einer Akkord-

Kompositionsunterricht an der Berliner Musikhochschule

folge der rohe, unveränderte Einfall reicht und wo die Arbeit des Komponisten ansetzt. Läßt sich das bei den Literaturbeispielen nicht immer restlos erkennen, finden wir nach sorgfältiger Prüfung bei den eigenen Stücken leicht die Grenze zwischen Einfall und Arbeit. Da sich herausstellt, daß einige Schüler sich ihrer Arbeitsweise nicht bewußt sind und den Unterschied zwischen dem, was ihnen unwillkürlich einfällt, und dem, was sie dazutun müssen, um ihm Gestalt zu geben, nicht erkennen, sollen einige Übungen ihnen die Augen dafür öffnen. Jeder Schüler muß an der Tafel ohne Überlegung aufschreiben, was ihm an melodischen Bildungen gerade einfällt. Man merkt sofort, wo er vom bloßen Einfall abweicht und konstruiert. Unter dem Protest der Klasse muß er solche Beispiele wieder auswischen, und allmählich lernt er, den Einfall ohne jede Beimischung darzustellen. Es zeigt sich, daß er winzig klein ist, manchmal nur zwei oder drei Töne umfaßt ... [101]

Neigt Hindemith zweifellos aus pädagogischen Gründen in diesem Text dazu, den Einfall und die Inspiration abzuqualifizieren – er wird später den Einfall als die *blitzhafte Erhellung einer Landschaft*, als *Vision* rühmen [102] –, so bilden gleichwohl nicht so sehr die Grenzfragen der Lern- und Lehrbarkeit, die höheren Kompositionsprobleme die Aufgaben, an denen sich der Schüler als angehender Komponist zu bewähren hat, sondern vielmehr die Probleme einer auf vorgegebene technische oder institutionelle Umstände reagierenden Musik. Es war Hindemith, der bereits 1921 unter dem Pseudonym «Paul Merano» eine der ersten Originalpartituren (*In Sturm und Eis*) für einen Stummfilm – Arnold Fanks «Im Kampf um den Berg» – schrieb, der 1925 mit den Hans Flesch gewidmeten *Drei Anekdoten für Radio* und 1927 mit dem zur Einweihung des Konzertsaales des Frankfurter Rundfunks komponierten Orgelkonzert op. 46 Nr. 2, der *Kammermusik Nr. 7*, Werke vorlegte, die in Anspruch und Instrumentierung den Gegebenheiten des Rundfunks entsprechen wollten. In der Hochschule intensiviert und systematisiert Hindemith in engem Kontakt zu Schülern und Kollegen seine Arbeiten auf diesen Gebieten: Er entwirft mit ihnen eine Art Dramaturgie der Filmmusik [103], komponiert für das Trautonium und experimentiert mit einer *grammophonplatteneigenen* Musik, indem er jeweils Xylophone und Singstimmen mixt, die auf Tonträgern in verschiedenen Geschwindigkeiten ablaufen (damit datiert die «musique concrète» auf Hindemith zurück). [104]

Während diese Arbeiten weitgehend unbekannt geblieben sind oder ohne den ursprünglichen Kontext rezipiert wurden – die *Drei Anekdoten* wurden erst 1933 als *3 Stücke für 5 Instrumente* veröffentlicht, die Stücke für Trautonium sind nie publiziert worden, ein Teil der Filmmusik sowie die *grammophonplatteneigene* Musik ist bislang verschollen –, war Hindemith mit seiner gleichzeitig geschriebenen Laienmusik umso erfolgreicher. Er informierte sich im Oktober 1926 über die Arbeit der Musikantengilde, die aus der musizierenden Jugendbewegung hervorgegangen

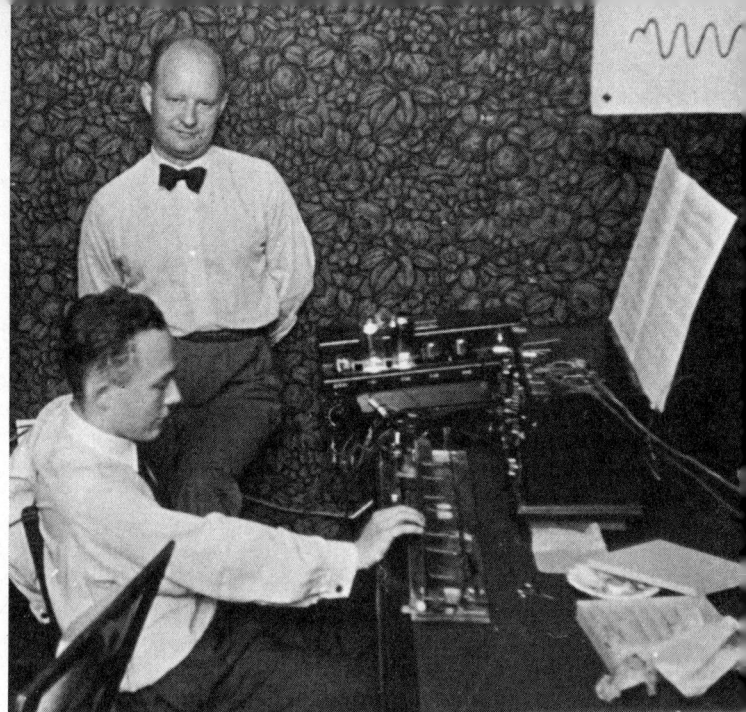

Rundfunk-Versuchsstelle in der Hochschule mit dem Trautonium

war und mit über einer Million Mitgliedern die stärkste Laienmusik-Organisation bildete: *Ich denke mir, daß Sie bald mit ganz bestimmten Aufforderungen von für Sie geeigneter Musik an verschiedene Komponisten herantreten müßten,* schrieb Hindemith anschließend an Fritz Jöde [105] und nahm die Anregung Hilmar Höckners auf, für das Schulorchester im Internatsgymnasium Schloß Bieberstein/Rhön eine Musik zu schreiben. *Gestern habe ich in Bieberstein die «nach Maß» angefertigte Orchestermusik* [op. 43 Nr. 1] *gehört,* berichtet Hindemith am 7. März 1927 dem Verlag, *sie macht sich gut, die Buben haben sie ganz ohne Dirigent absolut sicher und mit viel Freude gespielt – ein Zeichen, daß die neue Musik immerhin zu begreifen ist. Ich habe ihnen daraufhin gleich ein neues Stück geschrieben* [op. 44 Nr. 4, 2. Satz], *das sie vom Blatt gespielt haben und das der Anfang der demnächst herzustellenden instruktiven Zusammenspielsammlung ist.* Gleichzeitig unterbreitet der Schott-Verlag Hindemith weitere Überlegungen zur Laienmusik und hebt auf die differierenden Motive des Laienmusizierens der Musikantengilde ab: «Diese Musik nun ist dem Schwierigkeitsgrad nach berufen, nicht nur im Unterricht Verwendung zu finden, sondern auch Musizierstoff für die modern eingestellten Laienkreise zu sein … Nun fragt es sich, inwieweit ist diese Art Musik unter einen Nenner zu bringen mit der Volks- und Jugendmusik, die wohl mehr eine Art Gemeinschaftsmusik bedeutet.»[106] Hindemith schrieb denn auch stets eine Laienmusik, die an die Kunstmusik heranführen sollte, während die Musikantengilde eine neue Musik jenseits von Laien- und Kunstmusik anstrebte, in der das Musizieren einem diffusen Gemeinschaftsgefühl dient. Hindemiths op. 43 Nr. 1 und op. 44 seien «weder volkstümlich, noch führen sie zu einer volkstümlichen Musikübung hin», kritisiert ein Vertreter der Musikantengilde, «die Schulwerke haben vielmehr die Aufgabe, von Stufe zu Stufe bis zu jenen überfeinerten höchstdifferenzierten Kunstwerken hinzuführen …»[107] Und so sehr Hindemith auch den musizierenden Laien schätzte: *Der musizierende Laie, der sich ernsthaft mit musikalischen Dingen befaßt, ist ein ebenso wichtiges Glied unseres Musiklebens wie der ernsthaft arbeitende Musiker. Er ist entschieden wichtiger als der sich bloßem Genusse hingebende Zuhörer, der in seiner bekanntesten Form als Konzertbesucher heute fast nur noch ein wirtschaftlicher Faktor im Musikbetrieb ist*[108] – so scharf hat Hindemith doch bereits 1933/35 die Gemeinschafts-Ideologie der Musikantengilde durchschaut und kritisiert – der Laie … *schloß sich mit Gesinnungsbrüdern zu Gemeinschaften zusammen, und wie er sich durch Kleidung, Haartracht und andere Abzeichen von den Ungeweihten abschloß, führte er auch in der Musik ein Eigenleben. Zunächst lehnte er ab. Er kam nicht auf den Gedanken, ein Instrument so gut spielen zu lernen, im Gesang so geläufig zu werden, daß er die vorhandene Musik hätte ausführen können; er wollte nicht erst langsam reifen, um sich dann den Meisterwerken nähern zu dürfen. Ihm mußte die Musik unterworfen werden. Die ganze Musikgeschichte wurde durchgewühlt, um den blockflötenden und lautespielenden Sekten «Liedgut» und «Spielmusik» zu bieten. Aus der neuen Musik übernahmen sie wahllos Gutes und Schund, wenn es ihnen nur gesinnungsmäßig entgegen kam und ihrer technischen Unfähigkeit entsprach. Komponisten, die wenig gelernt hatten, fanden hier die Anerkennung, die ihnen sonst versagt blieb. Zur Not konnten sie zwei Stimmen führen, mit dreien richteten sie schon Unheil an, ihre Partituren waren fast durchweg unmöglich und man wundert sich, daß ihre «Sätze» den Sektenbrüdern, die doch sonst nicht anspruchslos waren, genügten.*[109]

Intensiven und nachhaltigen Kontakt zu Laien fand Hindemith denn auch nicht in den Musikantengilden, sondern (wahrscheinlich durch seinen Freund Hans Boettcher, den Herausgeber der Zeitschrift «Musik und Gesellschaft») in der Volkshochschule Berlin-Neukölln, an der er ab 1930 wöchentlich eine heterogene, linkspolitisch orientierte Schülerschaft (kostenlos) in die Grundlagen der Musik einführte. Die Schüler sollen Hindemith aufgefordert haben, für sie Kampflieder zu schreiben: «Dagegen wehrte sich Hindemith energisch: er schätze die Lieder Eislers, er könne auch das Bedürfnis der Schüler verstehen – aber Kampflieder, das sei ein

Genre, was ihm sehr fern liege.»[110] Hindemith schrieb für seine Neuköllner Schüler zwar keine Kampflieder, aber eine *Spiel- und Hörschule* (1931).

Hindemiths Laienmusik, deren Bestand nicht gleich überschaubar ist, weil die Werke teilweise in verschiedenen Reihen («Das neue Werk», hg. von Jöde, Mersmann und Hindemith; «Sing- und Spielmusik für Liebhaber und Musikfreunde») und Sammlungen («Wer sich die Musik erkiest») publiziert worden sind, umfaßt vor allem drei Werksammlungen: zunächst das nach fortschreitenden spieltechnischen Ansprüchen aufgebaute *Schulwerk für instrumentales Zusammenspiel* op. 44 (1927); dann die *Sing- und Spielmusik für Liebhaber und Musikfreunde* op. 45 (1928/29), die nicht mit der oben erwähnten Reihe verwechselt werden darf. Um möglichst vielen zugänglich zu sein, hat Hindemith die Instrumentation in einigen dieser Werke offen gelassen und den Tonsatz äußerst variabel gehalten. Die Stücke bieten verschiedene Musiziermöglichkeiten, ohne daß sie einen festen Werkcharakter ausbilden; das heißt, sie müssen vor ihrer Aufführung erst eingerichtet werden. Hindemith hat deshalb einigen Partituren Vorworte beigegeben. Im Vorwort zur *Frau Musica* op. 45 Nr. 1 ordnet Hindemith diese Werkgruppe ausdrücklich ihrer partiellen Funktion zu: *Diese Musik ist weder für den Konzertsaal noch für den Künstler geschrieben. Sie will Leuten, die zu ihrem eigenen Vergnügen singen und musizieren oder die einem kleinen Kreise Gleichgesinnter vormusizieren wollen, interessanter und neuzeitlicher Übungsstoff sein.* In diesem Werk hebt Hindemith bereits die Trennung zwischen bloßem Zuhören und Musizieren auf, indem er die Beteiligung aller Anwesenden an der Aufführung vorsieht. Dieses Stück soll also gespielt werden, aber nicht vorgespielt. Den ideellen Mittelpunkt der Hindemithschen Laienmusik gibt jedoch die dritte Sammlung, der 1932 für die Staatliche Bildungsanstalt zu Plön geschriebene *Plöner Musiktag* ab, der, nach dem Tagesablauf in *Morgenmusik, Tafelmusik, Kantate: Mahnung an die Jugend, sich der Musik zu befleißigen* und *Abendkonzert* mit sechs verschieden besetzten Instrumentalstücken gegliedert, mit progressiven spieltechnischen Ansprüchen, offener Instrumentierung und Variabilität des Tonsatzes alle Merkmale der Hindemithschen Laienmusik vereinigt, die vergnügen und belehren will.

Als das Fürstenhaus in Donaueschingen seine Unterstützung einstellte und Hindemiths Versuch, die Donaueschinger Musiktage für Frankfurt oder Bad Homburg zu gewinnen, am Einspruch der Landesregierung von Baden-Württemberg scheiterte, wurden die Veranstaltungen in Baden-Baden als «Deutsche Kammermusik Baden-Baden» 1927 bis 1929 mit demselben Programmausschuß weitergeführt; der Begriff «deutsch» bezieht sich offenbar nur auf den Veranstaltungsort, denn ausländische Komponisten und Interpreten waren von Anfang an beteiligt. Zwar wurde im mondänen Weltbad die Donaueschinger Intimität vermißt, welche

Hindemith,
1932

erst den intensiven Gedankenaustausch ermöglicht hatte, doch rückblik-
kend erweisen sich die drei Jahre der Baden-Badener Veranstaltungen,
etwa im Vergleich zu den konkurrierenden Festen der «Internationalen
Gesellschaft für Neue Musik», als überaus anregend. Bedeutende Werke,
wie die Klaviersonate von Béla Bartók, die der Komponist selbst spielte,
oder die vom Kolisch-Quartett mit einem da capo-Erfolg interpretierte
«Lyrische Suite» Alban Bergs, wurden vorgespielt, neue Talente wie etwa
Kurt Weill herausgestellt, die Musik in einen Zusammenhang mit neuen
Medien gebracht (Film- bzw. Rundfunkmusiken, u. a. von Eisler, Hindemith und Milhaud) und die Laienmusik thematisiert. Mit der Orgelmusik,
der Kammerkantate (Eisler, Milhaud, Hauer), der Kammeroper (Hindemith, Weill, Toch, Milhaud) und dem «Lehrstück» wurden musikalische
Gattungen erneuert oder erst kreiert. Gleichzeitig mit den Kammermu-
siktagen von 1927 und 1928 hielt die von Fritz Jöde und Fritz Reusch

geführte Musikantengilde ihre «Reichsführerwoche» in Lichtental bei Baden-Baden ab. Durch diese Parallelisierung der Veranstaltungen – auf dem Tagesplan der Musikantengilde standen Besuche der Proben und Aufführungen der Kammermusiktage, und Hindemith spielte stürmisch umjubelt seine Laienmusik mit der Musikantengilde – wollte Hindemith die Laien zwanglos mit der neuen Musik vertraut machen. Doch waren die ideologischen Fronten auch in der Kunstmusik längst schon verhärtet. Heinrich Burkhard beschreibt etwa den Typ der Baden-Badener Kammeroper als ein «heiteres Bühnen-Capriccio», «das die ungekünstelte, realistische Sprache der Gegenwart spricht und nicht mehr zu sein beansprucht als ein unterhaltsames ‹Theater-Spiel›»[111], während Weill den Spaß als ästhetische Vorwegnahme einer gesellschaftlichen Umwälzung anerkannt sehen will, wie aus seiner Notiz zum Songspiel «Mahagonny» deutlich wird: «In seinen neueren Werken bewegt sich Weill in der Richtung jener Künstler aller Kunstgebiete, die die Liquidation der gesellschaftlichen Künste voraussagen. Das kleine epische Stück ‹Mahagonny› zieht lediglich die Konsequenz aus dem unaufhaltsamen Verfall der bestehenden Gesellschaftsschichten. Es wendet sich bereits an ein Publikum, das im Theater nur seinen Spaß verlangt.»[112] 1929 schließlich blieb die Musikantengilde den Kammermusikveranstaltungen fern, als diese Laienmusik in ihr offizielles Programm aufnahm. Auch die ursprüngliche Bedeutung des zwischen Rundfunkmusik und Laienmusik vermittelnden «Lindberghfluges» von Brecht, Weill und Hindemith sowie des zwischen Oratorium und Laienmusik angesiedelten *Lehrstückes* von Brecht und Hindemith, die man auf demselben Fest spektakulär aufführte, ist verschüttet und verzerrt worden, unter anderem durch Gründe, die mit der ideologischen Entwicklung Brechts zusammenhängen. Zumindest zwei entscheidende Momente in der Lehrstücktheorie Brechts, die man aus zahllosen Fragmenten rekonstruieren muß, lassen sich aus damaligen Praktiken ableiten. Die in der ersten euphorischen Überschätzung der pädagogischen Möglichkeiten des Rundfunks entspringende Idee, etwa Kammermusikwerke in unvollständiger Besetzung mit der Aufforderung an entsprechende Instrumentalisten zu senden, den fehlenden Part während der Sendung selbst zu spielen, empfiehlt Brecht, wahrscheinlich durch Ernst Hardt angeregt, als «Verwertung des Rundfunks»; zur Aufführung des «Lindberghfluges» erläutert er: «Sie sehen also auf der Bühne auf der einen Seite den Rundfunk placiert; auf der anderen Seite den Hörer, und Sie werden sehen, daß Rundfunk und Hörer hier gemeinsam das Werk aufführen, sich also gegenseitig sozusagen in die Hände spielen und zwar so, daß der Rundfunk alles das dem Hörer ins Haus liefert, was der Hörer selbst schwer erzeugen kann, was er aber braucht, um seinen Part aufführen zu können ... Beim Lindberghflug spielt er den Lindbergh. Der Rundfunk liefert die Stimme der gegnerischen Elemente, des Nebels, der Stürme, des Schlafs ...»[113] Und aus der Laienmusik, die zur

Eisler, Hindemith, Brecht. Baden-Baden 1929

Konzertaufführung ungeeignet ist und im Übungszweck aufgeht, leitet Brecht die Publikumslosigkeit des *Lehrstücks* ab: Das ‹Lehrstück›, gegeben durch einige Theorien musikalischer, dramatischer und politischer Art, die auf eine kollektive Kunstübung hinzielen, ist zur Selbstverständigung der Autoren und derjenigen, die sich dabei tätig beteiligen, gemacht und nicht dazu da, irgendwelchen Leuten ein Erlebnis zu sein.» [114] In diesem Kontext stößt Brecht jedoch auf einige Funktionsbestimmungen von Musik und dem sich im Musizieren ausdrückenden kollektiven Handeln überhaupt: «tun ist besser als fühlen, indem er die musik mitliest und in ihr fehlende stimmen mitsummt oder im buch mit den augen verfolgt oder im verein mit anderen laut singt» [115] oder: «musik machen ist besser als musik hören» [116]. Zwar war Hindemith 1929 der Meinung, das verrottete Musikleben sei vor allem durch die Aufhebung der Trennung von Spielern und Zuhörern zu erneuern – Hintergrund solcher Bestrebungen ist etwa die Meldung, Wagners «Siegfried» sei in Nürnberg vor 35 (!) Zuschauern aufgeführt worden[117] –, aber solche Theoreme hat er nie verabsolutiert; immerhin ist er selbst als Solist und Kammermusiker gereist, und der überwältigende Teil seiner Werke soll eben «vorgespielt» werden. Gleichwohl wurden sie als der Inbegriff seiner «musikantischen», dem Kontakt ausgerechnet mit der Musikantengilde entspringenden Einstellung interpretiert. Doch hat Brecht schon aus taktischen Erwägungen heraus diesem «Mißverständnis» Vorschub geleistet: Er formulierte die nach seiner 1930 erfolgten definitiven Wendung zum Kommunismus notwendig gewordene Revision früherer Standpunkte als Irrtümer Hindemiths. Das *Lehrstück*, das er mit einem entscheidend geänderten Text nun als «Badener Lehrstück vom Einverständnis» in den «Versuchen» publizierte, sieht er durch die notwendigen aufführungspraktischen Hinweise Hindemiths in der Partitur «rein experimentellen Zwecken», der «rein musikalischen Schulung» ausgeliefert. Er merkt an: «... die Baden-Badener Aufführung war natürlich lediglich zur Selbstverständigung und einmalig gedacht.»[118] Experimenteller Charakter, offene Form und Selbstverständigung aller Beteiligter sind aber zentrale Merkmale der Gattung «Lehrstück» überhaupt.[119]

Die literarische Bedeutung der «Lehrstücke» Brechts ist umstritten geblieben: Einerseits gelten sie als Durchgangsstationen zu den «großen» Werken der späteren Zeit – und gerade die im «Lehrstück» eingeübte gnadenlose Gruppendisziplin ist von kommunistischer Seite abgelehnt worden –, andrerseits erkannte man in der experimentellen Form (Publikumslosigkeit, Selbstverständigung der an der Aufführung Beteiligten), in der offenen Werkstruktur (der äußeren Bedingungen anzupassenden Textfassung) das fortschrittliche Moment, hinter das Brecht in seinen späteren Werken zurückgefallen sei.[120] Die Musik Hindemiths zum *Lehrstück* ist eher umgekehrt bewertet worden: Ihre experimentelle Form wird als Ausfluß der ideologisch belasteten «Gemeinschaftsmusik» abgetan, während im einfachen, lapidaren musikalischen Ausdruck das Neuartige erkannt wird. Weill und Eisler[121] haben denn auch in ihren entsprechenden Werken («Der Jasager» bzw. «Die Maßnahme») diesen musikalischen Ausdruck, nicht aber den Werkcharakter übernommen.

Zum unvermeidlichen Bruch mit Brecht, von dem sich Hindemith noch Anfang 1930 ein Opernlibretto erhoffte[122], kam es während der Vorbereitungen zu den Juni-Musiktagen «Neue Musik Berlin 1930», mit denen die Baden-Badener Musiktage fortgeführt werden sollten, nachdem sie dort durch die Auswirkungen der Inflation eingestellt worden waren. Neben Hörspielen (u. a. *Sabinchen* von Hindemith) und *grammophonplatteneigene* Arbeiten (Toch, Hindemith) wurden Liebhaberchöre, Schulopern (Hindemith, Dessau, Höffer, Fortner) und «Lehrstücke» – der Begriff bezeichnet nun eine Werkgattung – aufgeführt. Den geplanten Beitrag von Brecht und Eisler, das Lehrstück «Die Maßnahme», wollte der Programmausschuß der «Neuen Musik Berlin 1930» mit Hindemith, Burkhard und Schünemann, der für Haas nachgerückt war, zur Zerstreuung politischer und ästhetischer Bedenken im Mai vorgelegt bekommen. Brecht und Eisler, die bis zu diesem Zeitpunkt ihre Arbeit an der «Maßnahme» noch nicht aufgenommen hatten, forderten daraufhin in einem offenen Brief den Programmausschuß zum Rücktritt auf. Dieser lehnte nun seinerseits wegen «formaler Minderwertigkeit» eine Aufführung der «Maßnahme» ab.

Hindemith war vom Verhalten Brechts und Eislers so sehr enttäuscht, daß er offenbar gleich nach den Berliner Veranstaltungen Gottfried Benn zu einer Zusammenarbeit überredete. Hindemiths Verhalten wirkte um so auffälliger, als Benn 1929/30 in den Aufsätzen «Über die Rolle des Schriftstellers in dieser Zeit» und «Können Dichter die Welt ändern?» sozial engagierte Schriftsteller als «wichtigtuerische Meinungsäußerer» oder «feuilletonistische Stoffbesprenger»[123] verhöhnte und sie mit Thesen wie «Der Künstler, der hat kein Ethos, das ist ein Freibeuter, ein Schnorrer, ein Ästhet» provozierte, die auch Hindemiths Einstellung grundsätzlich widersprachen. Benn zitiert sogar aus diesen Aufsätzen in *Das Unaufhörliche*, einem für Hindemith in enger Zusammenarbeit geschriebenen Oratorium – und Hindemith übernimmt demonstrativ einen Marsch aus seiner *Lehrstück*-Musik. Die von Hindemith vertonten Texte Brechts und Benns haben jedoch überraschende Gemeinsamkeiten; indem Brecht sowohl im *Lindberghflug* als auch im *Lehrstück* das «Unerreichbare» idealistisch rühmt, das dem optimistischen Glauben an die Wissenschaft und den Fortschritt eine unwissenschaftliche metaphysische Grenze setzt (in der später, nach der Wendung zum Kommunismus publizierten Fassung ersetzt Brecht denn auch das «Unerreichbare» durch das «noch nicht Erreichte») und Benn im *Unaufhörlichen* an das «elementare Prinzip der Umgestaltung» und an den «unauflösbaren mythischen Rest» erinnert, stiften beide neue Mythen, in deutlicher Reaktion auf den Geist der «Neuen Sachlichkeit».

Hindemith führt seiner Musik im *Unaufhörlichen* all jene bedeutungsvollen Momente wieder zu – paradigmatisch etwa die apotheosenhafte Wiederaufnahme des Hauptmotivs der ersten Nummer in der letzten –, die seit seinem Frühwerk endgültig zerfallen schienen. Zwar hat Hindemith die Faktur seiner Musik kaum grundsätzlich modifiziert, aber die Mittel gewinnen durch den retrospektiven, deutlich auf die «Weltanschauungsmusik» der Jahrhundertwende bezogenen Kunstcharakter des Werkes eine unverhohlen positive Bedeutung. Den ästhetischen Kontext dieser Musik bildet jedoch nicht etwa der ideologische Gehalt des Bennschen Textes, sondern wie in der Laienmusik der Primat einer funktionalen Musik, die Ende der zwanziger Jahre auf das Schlagwort der «Gebrauchsmusik» reduziert wurde; denn Hindemiths Vorstellung einer «Ge-

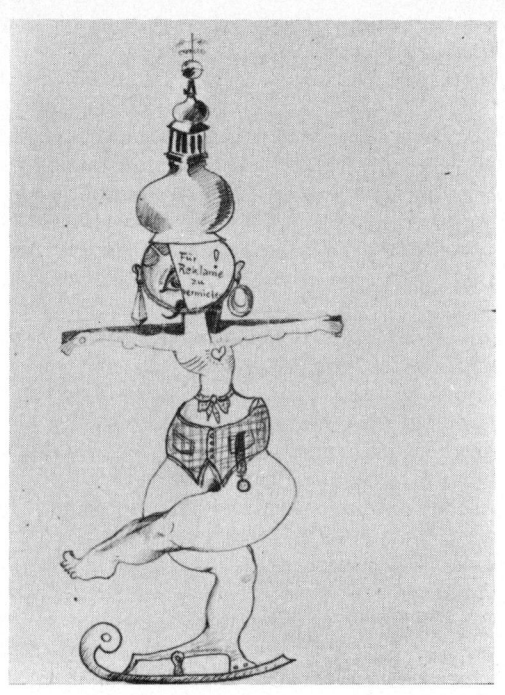

Karikatur von
Paul Hindemith

brauchsmusik» – ein Begriff, den er selbst später haßte – sanktioniert eben nicht das partielle Gebiet der Laienmusik, sondern warnte vor einer *unbrauchbaren* Musik überhaupt, sie ist also wesentlich weiter zu fassen. *Zu bedauern ist heute allgemein die geringe Beziehung, die in der Musik zwischen dem Produzenten und dem Konsumenten herrscht,* formuliert Hindemith 1927 in einem Vortrag, *ein Komponist sollte heute nur schreiben, wenn er weiß, für welchen Bedarf er schreibt. Die Zeiten des steten Für-sich-Komponierens sind vielleicht für immer vorbei.*[124] Und mit dem *Unaufhörlichen* möchte Hindemith ein offenkundiges Bedürfnis nach *ernster und großer Musik* befriedigen. *Es scheint so, als ob jetzt allmählich wieder die Welle für ernste und große Musik käme,* schreibt er während der Komposition am *Unaufhörlichen.*[125]

Hindemith rekonstruiert demnach die repräsentative Konzertmusik aus dem Geist der «Gebrauchsmusik». Mit der «heiteren Oper» *Neues vom Tage* auf ein Libretto des Berliner Revue-Autors Marcellus Schiffer, die den herrschenden Zeitgeist persifliert, konnte er 1929 eben nur noch einen Achtungserfolg erzielen; und zwischen 1928 (Trio für Heckelphon, Bratsche und Klavier) und 1933 (2. Streichtrio) schrieb er keine Kammermusik. *Es ist heute,* erklärt er 1929 ohne Umschweife, *fast unmöglich, zum mindest fast unnötig geworden, Kammermusik herauszubringen. Kein Mensch will neue Quartette hören.*[126] An Stelle der *Kammermusik* genannten Kammerkonzerte, die er 1927 mit dem Orgelkonzert op. 46 Nr. 2 (*Kammermusik Nr. 7*) abschließt, tritt nun die Reihe der *Konzertmusiken*, deren Titel neben der Satztechnik das Moment des Repräsentativen enthält. Deutlich auf diese Funktion bezogen ist der Prozeß der Vereinfachung, dem die *Konzertmusik für Solobratsche und größeres Kammerorchester* op. 48, die *Konzertmusik für Klavier, 2 Harfen und Blechbläser* op. 49 und die *Konzertmusik für Streicher und Blechbläser* op. 50 (alle 1930) unterliegen: Sie entfalten sukzessiv einen Zug ins Große, vermeiden wuselnde Detailarbeit. In der *Konzertmusik für Blasorchester* op. 41 (1926), die die genannten späteren *Konzertmusiken* nur dem Namen nach vorwegnahm, erscheint «Einfachheit» als «Populäres» noch programmatisch beabsichtigt, ist als Geste jedoch höchst artifiziell. Die späteren *Konzertmusiken* dagegen wirken ganz unmittelbar in ihrer melodischen, harmonischen und formalen Struktur. In op. 49 zitiert Hindemith erstmals in seiner Kunstmusik ein Volkslied. Die Harmonik erscheint wesentlich kontrollierter; die in ihrer Abfolge eine Diatonisierung des chromatischen Tonmaterials bewirkenden modalen Leitern färben oder trüben nunmehr das in Schlußakkorden oft wiederhergestellte Dur. Dissonanzen unterliegen gleichsam wieder einem Zwang zur Auflösung. Der musikalische Formprozeß entspricht weitgehend der Ausarbeitung weniger Satzmodelle durch Instrumentenwechsel, abgeänderte Begleitstimmen oder Begleitsysteme. Hindemith legt die Werke suitenhaft an, er faßt die einzelnen Sätze in größeren Teilen zwanglos zusammen; von op. 48 existieren sogar zwei Fassungen, die wahlweise gespielt werden können. Dieser Formdisposition ist die Instrumentation zugeordnet: die Formteile bzw. Sätze sind oft jeweils nur einer bestimmten Instrumentengruppe zugeordnet. Mischungen verschiedener Instrumente aus klangfarblichen Gründen vermeidet er nahezu vollständig. Selbst in Tuttiteilen hält Hindemith die Instrumentengruppen durchweg motivisch auseinander. Er kommt so konsequent in op. 49 und op. 50 zu chorischen Besetzungsanordnungen, die er geradezu antiphonal gegenüberstellt.

Das *Philharmonische Konzert* (1932) führt diese Kongruenz von Form und Instrumentation beispielhaft vor: Mit den sechs Variationen über ein eigenes Thema stellt Hindemith sukzessiv sämtliche Instrumentengruppen eines normal besetzten Symphonieorchesters solistisch und chorisch sowie die Tuttiwirkungen vor.

Die zeitgenössische Kritik – herausgegriffen seien Rezensionen der beiden wichtigsten, außerordentlich erfolgreichen Aufführungen dieses Werkes von 1932, der Uraufführung im Jubiläumskonzert der Berliner Philharmoniker unter Furtwängler in Berlin sowie der Wiener Aufführung durch die Wiener Philharmoniker unter Clemens Krauss – hat Hindemiths Wandel übereinstimmend konstatiert, ihn jedoch unterschiedlich bewertet. Der konservativ-reaktionäre Kritiker Julius Korngold («Neue Freie Presse», Wien) schreibt: «Ob nicht vielleicht über kurz oder lang wieder ein ‹Schönes› ... den radikalsten Fortschritt bedeuten wird? Eine kleine Wendung möchte man schon aus Hindemiths Variationen heraushören: Jede schließt mit einem auch konsonant instrumentierten Dreiklang! Ende Dreiklang – alles gut, schreiben wir hiermit in unwiderstehlich gewecktem Wohlwollen hin»; Max Marschalk («Vossische Zeitung», Berlin) äußert: «Hin und wieder müssen wir indessen doch aufhorchen: unversehens mischen sich Klänge ein, die eine leichte Mystik haben, und die fesseln.» Hier rühmt man all das als Hoffnungsschimmer einer herbeigesehnten neuen Musik, was Joseph Bach, der dem Schönberg-Kreis nahesteht, unmißverständlich als Rückschritt beschreibt («Wiener Arbeiterzeitung»): «Doch gerade der wichtigste Einwand wird nicht erhoben. Nämlich dieser, daß die Musik, und zwar die beste Musik, die wir heute haben, weiter ist als Hindemith.» Nur Heinrich Strobel bezeichnet die Berliner Uraufführung noch als einen Erfolg für die moderne Musik («Börsen-Courier»). Mehrere Kritiker dagegen konstatieren überraschend einmütig eine «altmeisterliche» (Paul Stefan: «Die Stunde», Wien) Kunstfertigkeit, die sich gegenüber dem Gewicht und Gehalt des Werkes verselbständigt hat. Gediegene kontrapunktische Arbeit, Einfachheit und Faßlichkeit sowie die Zweckbestimmung des Werkes erscheinen diesen Kritikern als unvereinbar: «Wir nehmen diese Variationen also als Gelegenheits-Komposition und wollen mit Hindemith nicht rechten darüber, ob sein Geschenk als vollwertige Gabe anzusehen ist. Jedenfalls gibt sie keinen Anlaß, sich kritisch zu echauffieren», schreibt Paul Schwers («Allgemeine Musikzeitung», Berlin), und selbst Alfred Einstein scheint es, «daß Hindemith diesmal zwischen dem Festlichen und dem Humoristischen in einer gewissen meisterlichen Trockenheit stecken geblieben ist; der Glanz des Handwerklichen ist vorhanden, aber es fehlt der Glanz der Gehobenheit» («Berliner Tageblatt»). Hindemiths Rekonstruktion der repräsentativen Konzertmusik aus dem Geist der «Gebrauchsmusik» hat sich demnach für diese Kritiker in eine Anonymität des musikalischen Gehalts geflüchtet, falls die meisterliche technische Faktur nicht schon der Gehalt des Werkes sein soll. Die Klärung wird erst der *Mathis*-Stil mit der immer extensiveren Übernahme alter Volkslieder bringen, die im *Schwanendreher*, einem Bratschenkonzert über alte Volkslieder, bis zu manifesten programmatischen Tendenzen reicht. Doch um diese Zeit hatten schon die Herren des «Völkischen Beobachters» etwas zu melden. Zur Uraufführung des *Philharmonischen Konzertes* heißt es in dem Blatt: «Daß das erste Festkonzert dazu herhalten mußte, um einen jener anfechtbaren fragwürdigen Kompositionsversuche von Paul Hindemith uraufzuführen, der jüdische Protektion genießt und in seiner Kunstauffassung deutschem Wesen so fern wie nur möglich steht, verwundert uns noch mehr.»

Musikmachen als Widerstand

Anfang 1933 arbeitet Hindemith mit Ernst Penzoldt an einem Opernlibretto: *Erst soll die Handlung ganz genau feststehen und die Worte muß er [Penzoldt] dann Szene für Szene ganz auf die Musik zuschneiden. In der Musik werden viele alte Soldatenlieder und sonstige Lieder vorkommen, auch irgendein russischer Nationaltanz, Mundharmonika- und Ziehharmonikastücke und so*, teilt er am 7. Januar dem Verlag mit und am 12. Januar schreibt er: *Sentimentalität bleibt draußen, deshalb ist gottlob nicht einmal ein Liebesduett drin, obwohl das Ganze doch eine doppelte Liebesgeschichte ist ... Durch die starke Verwendung alter Lieder und Märsche und der russischen Lieder hoffte ich das Stück auch für Nichtmusiker interessant machen zu können.* Mit seiner Antwort löst der Verlag eine Diskussion nicht nur über opernästhetische Fragen aus: «Etwas lächeln mußte ich über Ihren Triumph, daß Sie jedem Liebesduett aus dem Weg gegangen sind ... aber was hat Ihnen denn dies nur Allzumenschliche getan?»[127] *Das haben Sie falsch verstanden, ich triumphiere nicht über das fehlende Liebesduett. Wenn Sie wollen, werden doch in etwa 6 von 12 Szenen hier Liebesduette gesungen. Ich bin nur entschieden dagegen, daß jedes Duett zwischen Sopran und Tenor stets mit «ich liebe dich» und großer Umarmung verläuft*, antwortet Hindemith gereizt.[128] Aber der Verlag läßt nicht locker: «In den Liebes-Angelegenheiten haben wir uns also richtig gefunden. Kein Mensch wird von Ihnen offizielle ‹Liebes-Duette› erwarten. Sie müssen nur verstehen, wenn wir eine gewisse Besorgnis haben, Sie könnten aus Ihrer Gefühls-Askese heraus allem aus dem Weg gehen, was nun einmal das Opern-Publikum erwartet.»[129] Nun wird Hindemith massiv: *Für Einwände bin ich immer dankbar, obwohl fast keine kommen können, die ich mir nicht selbst gemacht habe. Auf den Rängen sollen natürlich gar keine Hindemiths sitzen, wir wollen doch keine Inflation in diesem Artikel heraufbeschwören; aber ich bin der Ansicht, daß der Komponist halt doch besser zu wissen hat, was den Leuten vorzusetzen ist. Schließlich schmeckt eine Sache im ersten Augenblick mal nicht so ganz gut, ist aber nahrhaft. Und ich bin nicht für's Nurgutschmecken.*[130] Schließlich schreibt Hindemith am 10. März 1933 , also 39 Tage nach Hitlers Machtübernahme und elf Tage nach dem Reichstagsbrand: *Nach allem,*

Ernst Penzoldt

*was ich hier im Musik- und Theaterbetrieb sehe, glaube ich, daß alle Thea-
terposten in Kürze mit stramm nationalen Jungs besetzt sein werden. Im
nächsten Frühjahr, nach Überwindung der ersten Schwierigkeiten, dürften
dann die Aussichten für eine Oper von Penzoldt und mir sehr gut sein.
Vielleicht nicht gerade für diesen Text, obwohl man das auch nicht wissen
kann. Jedenfalls ist aber Vorsicht geboten und ich bin dafür, die Arbeit an
diesem Stoff einstweilen zurückzustellen und etwas anderes zu machen* ...
Sarkastisch schließt er: *Ich habe mich schon umgetan und bin auf ein Stoff-
gebiet gekommen, das harmlos, interessant und im nächsten und übernäch-
sten Jahr besonders aktuell ist: Die Ereignisse bei der Inbetriebnahme der
ersten Eisenbahn.*

Hindemiths Einschätzung der neuen kunstpolitischen Situation, von
der er meinte, sie sei kurzfristig überholt und ihr deshalb keine größere
Aufmerksamkeit schenkte, ändert sich auch nicht, als ihm der Verlag bereits im April 1933 mitteilt, die Hälfte seiner früheren Werke seien als
«kulturbolschewistisch» [131] verboten worden. *Nach allem, was hier vor-
geht, glaube ich, daß wir keinerlei Grund haben, mit Sorgen in die musikalische Zukunft zu sehen*, kommentiert er, *nur die nächsten Wochen muß
man vorübergehen lassen.* [132]

Hindemith wird bis 1936 abwarten, obgleich er sich sofort zahllosen

Beschränkungen, Demütigungen und Schikanen ausgesetzt sieht. Seine Werke verschwinden schlagartig von den Programmen; sein Streichtrio mit den jüdischen Musikern Szymon Goldberg und Emanuel Feuermann kann nur noch im Ausland konzertieren, und daß er sich nicht von diesen Musikern trennt, gilt den Nazis als willkommene Bestätigung seiner politisch-ideologischen Unzuverlässigkeit. In Deutschland erhält er als Solist keine Engagements mehr und auch bereits festgesetzte Konzerttermine werden abgesagt. Die Publikation seiner ersten größeren theoretischen Arbeit für ein «Handbuch der Musik», das später unter dem Titel «Hohe Schule der Musik» erschien, unterdrückt Josef Müller-Blattau mit dem Argument, sie würde ihm momentan nur schaden.[133] All das geschieht, ohne daß irgendein offizielles Verbot ergangen ist. Da Hindemith in dieser Grauzone anonymer Repressionen keine Konturen erkennen konnte und den Plan, ihr durch eine Emigration ins Ausland zu entgehen, nicht einmal erwog, konnte er nur abwarten. In dieser Haltung bestärkte ihn der Verlag, der wohl damit rechnete, daß Hindemiths Emigration ein offizielles Aufführungsverbot seiner Werke in Deutschland sofort nach sich gezogen hätte. Andererseits aber geriet der Schott-Verlag durch sein unbeirrtes Festhalten an Hindemith und der durch ihn repräsentierten neuen Musik in politische Schwierigkeiten, und Hindemith wurde eben dadurch, daß er in Deutschland blieb, als deutscher Repräsentant der neuen Musik der zwanziger Jahre in den Mittelpunkt kulturpolitischer Machtkämpfe gezerrt.

Er nutzt die freie Zeit zur Vorbereitung eines neuen Opernprojektes: *... ich will Ihnen*, schreibt er am 17. Juni 1933 an den Verlag, *nur kurz mitteilen, daß ich sehr stark mit dem Grünewald beschäftigt bin und allmählich hoffe, etwas herstellen zu können.* Am 3. August trifft er sich mit Franz Willms, der ihn auf den Grünewald-Stoff aufmerksam gemacht hat, in Mainz und trägt ihm und Ludwig Strecker eine Zwischenfassung vor; Strecker berichtet seinem Bruder Willy: «Er ist so gefangen von dem Stoff, von der ihm vertrauten Atmosphäre und der Größe des Vorwurfs, der Parallele der damaligen Zeit mit der unsrigen und vor allem mit dem einsamen Künstlerschicksal, daß er mit einer Begeisterung und persönlichen Teilnahme schaffen wird wie noch nie. Er ist ein ganz merkwürdiger unerhört kluger und praktischer Mensch, der nun auch seine Erfahrungen gesammelt hat, genau weiß, was man braucht und was er will, und dem man doch nicht raten kann ... vor allen Dingen [ist er] wie erlöst ... daß er den Text zu seiner Musik schreiben kann und nicht umgekehrt, und da er in der ganzen Anlage dies berücksichtigt, so erwarte ich mir etwas sehr Erfreuliches. Der Abend war sehr eindrucksvoll und es war charakteristisch, wie Hindemith beinahe voller Scheu die menschlichen Parallelen zu seiner Persönlichkeit immer zu verheimlichen suchte und historische Nebensächlichkeiten herauskramte, um das Wesentliche zu verstekken.»[134]

Feuermann, Goldberg, Hindemith

Hindemiths selbständige Ausführung des bedeutenden Librettos, das sprachlich an Hölderlin anlehnt, von dem er damals auch einige Gedichte vertonte, wird erst verständlich, wenn man bedenkt, daß er bei nahezu all seinen Opernprojekten intensiv an der Textgestaltung mitgearbeitet hat. Die in der Oper *Mathis der Maler* aufgezeigte Künstlerproblematik steht darüber hinaus in einem inneren Zusammenhang mit der Oper *Cardillac* und dem *Lehrstück*, nicht so sehr dagegen mit der Künstleroper «Palestrina» von Pfitzner, mit der *Mathis* zumeist verglichen wird. Wird der in die mörderische Konzessionslosigkeit autonomer Kunstproduktion verstrickte Cardillac von der Menge erschlagen, wird der abgestürzte Flieger im *Lehrstück* einem peinlichen Verhör unterworfen, weil sein heldenhafter Flug niemandem nützte, so gestaltet Hindemith mit der Oper *Mathis der Maler* in der Gestalt Matthias Grünewalds einen Künstler, der seine beschauliche, selbstvergessene Kunstproduktion in den wirren Zeitläufen des Bauernkrieges nicht mehr zu legitimieren weiß und sich gezwungen sieht, Partei zu ergreifen. *Ist, daß du schaffst und bildest, genug? Bist nicht nur eigen Nutzens voll?*, zweifelt Mathis; und auf die drängenden Fragen des Bauernführers Schwalb weiß er keine Antwort:

Schwalb: *Nein,*
           Ist das möglich! Man malt, das gibt es noch!
Mathis: *Ist es sündhaft?*

Schwalb:	*Vielleicht, wo so viele Hände*
	Gebraucht werden, die Welt zu bessern.
Mathis:	*Wann brachten*
	Zerschlagene Köpfe je Besserung?
Schwalb:	*Eher*
	als deine gemalten Heiligen.
Mathis:	*Dich könnte*
	Ein Bild freilich nicht bekehren. Wie machten
	Dir auch die Künste Sorgen? Sie leben näher
	Bei Gott und gehorchen eignen Gesetzen.
Schwalb:	*Darum*
	Haben sie keinen Sinn für den gemeinen Mann.

Mathis verläßt seine Malerei, stellt sich kämpfend auf die Seite der Bauern und wird zwangsläufig enttäuscht. In geträumten Visionen wird ihm sein Künstlertum als «Auftrag» zurückgeschenkt:

Wenn du demütig dem Bruder dich bogst,
Ihm selbstlos dein Heiligstes zu bieten wagtest
Im eigensten Können, wirst du gebunden und frei
Ein starker Baum im Mutterboden stehen. Stumm
Groß, ein Teil des Volkes, Volk selbst. Wenn man dir alles nahm
Und dich darob vergaß: Der Baum weiß nicht um seine Frucht.
Und wenn sie dich gleich erschlügen: Das Schöpfertum
Mit seinem Leibe zahlen, ist das schwer? Was du gesucht,
Gelitten, deinem Wirken gebe es den Segen
Der Unsterblichkeit. Geh hin und bilde.

Mit der hymnischen Musik zu diesen und den folgenden Worten, mit der die Symphonie *Mathis der Maler* schließt, endet jedoch nicht die Oper; vielmehr wird das letzte Bild von der in der Symphonie mit *Grablegung* überschriebenen Musik des zweiten Satzes beherrscht, die nichts Auftrumpfendes mehr hat. Mathis' letzte Worte gelten nicht der «Kunst» oder dem «Auftrag», sondern den wenigen Momenten privaten Glücks:

Sie
Mögen noch bewahren, wenn man mich begraben hat
Einen Hauch dessen, was ich an Gutem übte,
Was ich erstrebte, was ich erschuf,
Was mir an Ehren ward, was mich bedrängte, was ich liebte.

Alle Protagonisten leiden unter dem Druck ihnen abverlangter Entsagung. Selbstzucht, Askese und Disziplin stehen ihren spontanen Neigungen entgegen: Ursula liebt Mathis, trägt sich aber aus politischem Kalkül dem Kardinal Albrecht von Brandenburg, Erzbischof von Mainz, an; Albrecht wiederum liebt Ursula, erfährt jedoch im Moment möglicher Liebeserfüllung die Pflicht und Zucht seines Amtes. Und es ist das grenzenlose Leid Mathis', das ihn, todbereit, seine Kunst vollenden läßt, die ihre Bestimmung in der Darstellung des Leidens und der Angst sieht. Sterbend sagt Regina über ihn:

> *Als ich den Heiland*
> *Gekreuzigt sah auf seinem Bild, erschien mir*
> *In neuem Schreck die Deutung: Wen solche Angst heimsucht,*
> *Der kann nicht leben.*

Während Hindemith die Musik zum *Mathis* wie gewohnt leicht und rasch komponiert – zunächst schrieb er, noch bevor die Handlung der Oper fixiert war, von Dezember 1933 bis zum Februar 1934 die drei nach den Altarflügeln des Isenheimer Altars benannten Sätze der *Mathis*-Symphonie in der Reihenfolge *Grablegung* (2. Satz), *Engelskonzert* (1. Satz) und *Versuchung des heiligen Antonius* (3. Satz) –, hat er dem Libretto die definitive Fassung nur unter größten, verzweifelten Anstrengungen geben können. In seinem Werkverzeichnis stehen folgende Eintragungen:

Lenzkirch im Schwarzwald: hier komponierte Hindemith die Oper «Mathis der Maler»

25. April 1934: *Nach ziemlich heftiger Arbeit Text und Musik des ersten Bildes fertig*; 31. Juli 1934: *nach mühevoller Arbeit der Text zur Oper fertig. Gottlob*; August 1934: *Text geändert. Mühevolle Arbeit. Anfang Oktober erscheint provisorischer Druck des Textes*. Die endgültige Textfassung kann er aber erst im Juni 1935 abschließen. Am 27. Juli 1935 ist die Arbeit am *Mathis* endlich beendet.

Mit dem *Mathis* erfährt Hindemiths Musik ihre entscheidende restaurative Wendung, die sich bereits in den *Konzertmusiken* und dem Oratorium *Das Unaufhörliche* angekündigt hatte. Schon die Disposition des Vorspiels der Oper, das mit dem ersten Satz der *Mathis*-Symphonie identisch ist, zeigt dies deutlich. Diesem Vorspiel gibt Hindemith die historisch gewichtige Sonatensatzform. Auf die langsame Einleitung, der das Lied «Es sungen drei Engel» als Cantus firmus zugrunde liegt und deren erste Streicherakkorde gleich jene «Mystik» ausstrahlen, die Marsop bereits aus dem *Philharmonischen Konzert* herausgehört hatte, folgt die Exposition der drei deutlich voneinander abgehobenen Themengruppen. Die anschließende vom ersten und zweiten Thema beherrschte Durchführung drängt zu einem Höhepunkt, in dem diese beiden Themen vom Cantus firmus der Einleitung grundiert werden, und der zugleich die Reprise bildet. Es folgt sogleich das dritte Thema, das schnell zu einem melodisch und harmonisch auskomponierten Schließen von elementarer Wucht führt. Bedeutungsvoll verfährt also die Musik mit der inneren Einstimmung in die Musik durch eine langsame Einleitung, dem gewichtigen Aufstellen der drei Themengruppen, der unmittelbaren Kontrapunktierung der wichtigsten Themen, den lapidaren harmonischen Ereignissen; die Musik ist knapp und komprimierend im Ineinanderführen von Durchführungs-Höhepunkt und Beginn der Reprise, in der Vermeidung von Wiederholungen aus symmetrischen Gründen, in der Anlage eines ohne Scheinstimmen komponierten Orchestersatzes.

Hindemith muß die mühevolle Arbeit an der Oper *Mathis der Maler* als die adäquate Form empfunden haben, die rasch anwachsenden politischen und persönlichen Anfeindungen unbeschadet und selbstbewußt zu überstehen. Vor allem auch in dieser Hinsicht trägt die Oper autobiographische Züge; denn je mehr seine Werke aus dem deutschen Musikleben verschwanden, desto offener wuchs den wenigen Aufführungen seiner Werke das Moment der demonstrativen Opposition gegen die politischen Machthaber zu. Seine erfolgreiche Aufführung der *Konzertmusik* op. 50 während des Tonkünstlerfestes im Februar 1934 in Berlin etwa zog in der Zeitschrift «Die Musik» einen Hetzartikel nach sich, der bereits sämtliche Motive des «Falles Hindemith» unter dem Titel «Hindemith – Eine kulturpolitische Betrachtung» anklingen läßt; sein Autor Friedrich Welter erkennt zwar Hindemiths musikalisches Können an, aber er schreibt: «Und doch: ein Repräsentant deutscher Musik ist er nie gewesen ... Daß

*Dr. Joseph Goebbels
bei einer Ansprache*

das Können allein nicht ausschlaggebend und genügen kann, sehen wir doch an der Reinigung, die in der Literatur vorgenommen worden ist. Ich erinnere an St. Zweig, an Th. Mann, Feuchtwanger. Die deutsche Studentenschaft hat sie aus dem deutschen Geistesleben verbannt! Die Reinheit der Gesinnung sollte als erste Voraussetzung unseres Staates unzweideutig dokumentiert werden. Soll das in der Musik nicht zur Tat werden?»[135] Die spektakuläre Uraufführung der *Mathis*-Symphonie am 12. März 1934 in Berlin mit den Berliner Philharmonikern unter Furtwängler löste schließlich eine so einhellige Begeisterung aus, daß Hindemith sich eine rasche und wohl auch positive Klärung seiner Situation erhoffen konnte. Den entscheidenden Anstoß gab Furtwängler selbst. Er publizierte, offenbar nach Absprache mit Hindemith, am 25. November 1934 in der «Deutschen Allgemeinen Zeitung» den Artikel «Der Fall Hindemith». Mit dieser Flucht in die Öffentlichkeit verfolgte Furtwängler vor allem das Ziel, der Kunst überhaupt einen politischen Freiraum abzusichern; er schließt mit den Worten: «Sicher ist, daß für die Geltung deutscher Musik in der Welt keiner der jungen Generation mehr getan hat als Paul Hindemith. Im übrigen ist es heute natürlich nicht abzusehen, welche Bedeutung das Werk Hindemiths einmal für die Zukunft haben wird. Das ist es aber auch gar nicht, was hier zur Diskussion steht. Es handelt sich hier viel mehr noch als um den besonderen ‹Fall Hindemith› um eine allgemeine Frage von prinzipiellem Charakter. Und weiter noch, auch darüber müssen wir uns klar sein: wir können es uns nicht leisten, angesichts der auf der ganzen Welt herrschenden unsäglichen Armut an wahrhaft produktiven Musikern, auf einen Mann wie Hindemith so ohne weiteres zu verzichten.» Die unmittelbar einsetzende lebhafte Diskussion beendete Dr. Goebbels mit seiner Rede zur «Jahreskundgebung der Reichskulturkammer» am 7. Dezember 1934 im Berliner Sportpalast, in der Hindemith namentlich erst gar nicht erwähnt, sondern gleich als der «atonale Geräuschemacher» verhöhnt wird. Der entscheidende Satz lautet: «Denn der Nationalsozialismus ist nicht nur das politische und soziale, sondern auch das kulturelle Gewissen der Nation.»

Immerhin hatten Studenten der Berliner Musikhochschule noch den Mut, Solidaritätslisten für Hindemith auszulegen, aus denen seine Lehrer-Kollegen nach einem Wink von oben ihre bereits geleisteten Unterschriften wieder zurückzogen. Die eigene Betroffenheit dokumentiert ein Briefentwurf Hindemiths in seinem Nachlaß vom 9. Dezember 1934 an den Ministerialdirektor Hinkel: *Es scheint mir ebenso unmöglich, gegen den zu meiner Diffamierung aufgebotenen Apparat anzurennen, wie unwürdig, mich zur Verteidigung meiner Arbeit auf die gleiche Ebene zu begeben. Ich verlasse mich auf die Kraft, die der Inbegriff meines Lebens ist: die Musik. Sie wird stärker reden als alle, die verleumden müssen, um etwas zu bekämpfen, was sie nicht kennen.*

Hindemiths musikalische Aktivitäten als Bratscher verlagern sich zwangsläufig immer mehr ins europäische Ausland, besonders nach Italien, Holland, England und der Schweiz; dort konnte er jedoch nicht unmittelbar an seine deutschen Erfolge anknüpfen. Um dem politischen Druck in Deutschland auszuweichen, nimmt er, nachdem er sich von der Hochschule hat beurlauben lassen, ein Angebot der Türkischen Regierung an, das dortige Musikleben neu zu organisieren. Von April bis Mitte Mai 1935 hält er sich in der Türkei auf und verfaßt ausführliche Denkschriften mit Bemerkungen zur Besoldungsfrage der Musiker, zu Lehrgängen, Prüfungsordnungen, Instrumentenfragen, Konzertprogrammen bis schließlich hin zu Ideen einer türkischen Nationalmusik, die den Ansprüchen der europäischen Kunstmusik gerecht werden kann. Jeweils im Frühjahr 1936 sowie im Frühjahr und Sommer 1937 wiederholt er seine Besuche, um die Ausführung seiner Vorschläge zu kontrollieren.

Die endgültige Klärung seiner Situation in Deutschland bringt das Jahr 1936; der Geiger Georg Kulenkampff wagt eine Aufführung der *Sonate für Violine und Klavier in E* (1935) in Berlin, die so erfolgreich ausfällt, daß nun das offizielle Verbot ergeht.[136] Hindemiths Emigration war jetzt nur noch eine Frage des Zeitpunkts. Dabei wollte er zweifellos diejenigen nicht im Stich lassen, die ihm in diesen Jahren zur Seite standen und die durch seinen Schritt vielleicht neuen und rücksichtsloseren Repressionen ausgesetzt wären; und schon gar nicht wollte er, daß seine Emigration politisch ausgerechnet von jenen ausgenützt würde, die ihn wie Eisler[137] noch 1935 als «Konjunkturritter» beschimpften.

Das Ehepaar Hindemith in der Türkei, 1936

Am 22. März 1937 reicht Hindemith der Hochschule für Musik sein Kündigungsschreiben ein; drei Tage später verläßt er Deutschland zu seiner ersten Tournee durch die USA, die ihn nach New York, Washington, Boston, Chicago und Buffalo führt und die zugleich der Erkundung neuer Existenzmöglichkeiten dienen sollte. Seine Briefe und tagebuchähnlichen Aufzeichnungen, die er dann auch von den folgenden USA-Reisen 1938 und 1939 an seine zurückgebliebene Frau schickt (diese Aufzeichnungen gehören zum Persönlichsten und literarisch Wertvollsten, was wir von Hindemith besitzen), zeigen seinen Versuch, sich von den auf ihn einstürzenden neuen Erfahrungen zu distanzieren. *Im Telefonbuch, das auf dem Nachttisch liegt,* schreibt er am 2. April 1937, dem Tag seiner Ankunft in New York, *entdeckte ich, daß es allein in Manhattan 4½ engstbedruckte Seiten Smith gibt und damit ist mir dann endlich die hirnverbrannte Zwecklosigkeit dessen was da ist und geschieht, zum Bewußtsein gekommen.* Und vier Tage später heißt es: *So viele Steine, so viel Eile und so viel Lärm – wie schön ist's, wenn man Musik machen kann und damit einen kräftigeren Widerstand gegen alle Lautheit der alten und neuen Welt hat als alle Grübler.* Eines der für ihn faszinierendsten Erlebnisse ist der Besuch eines Konzertes mit Duke Ellington im New Yorker Cotton Club – *Dazu eine drei oder mehr Stunden ohne Pause spielende Musik, die tollere*

87

Sachen macht, als ich sie jemals gehört habe. *Trompeter, die gänzlich au-ßer Rand und Band gerieten und bis zum dreigestrichenen b hinaufjodel-ten, Saxophonisten und Posaunenspieler, die beim «hot» werden sich in maßlosen Schnörkeln ergingen. Das Ganze war wirklich eine rhythmische und klangliche Orgie, die mit ungeheurer Virtuosität abschnurrte.*[138] Die obligatorischen Parties nach seinen Konzerten, die dem Anknüpfen neu-

New York Ende der dreißiger Jahre

Hindemith mit Massine, in Positano 1937

er Kontakte hätten dienen können, verabscheute er: *Und dann kam die Reception, bei der ich wie eine Fettgriebe in der Blutwurst von allen guten Geistern verlassen war und dem sinnlosen Geschwätz und Gefrage von Hunderten von Bratschern, Komponisten, Autogrammsammlern und meistenteils zu alten und zu fetten Weibern ausgesetzt war. Es war ebenso heiß wie schauderhaft.*[139] Einen negativen Eindruck vermittelt ihm auch die Premiere des Balletts «Jeux des Cartes» von Strawinsky, die er am 27. April, dem Vorabend seiner Rückreise nach Deutschland, besucht; er schreibt, die Musik Strawinskys sei *klar und einfach: Leider nicht von der Einfachheit, die eine letzte Reduktion hoher Ideen auf die klarste Form ist, sondern von der Simplizität guter Unterhaltungsmusik.*[140]

Um so nachdrücklicher hat Hindemith wohl den Plan zu einem eigenen Ballett verfolgt, der nach einer Begegnung mit Massine in Florenz 1937 konkreter wurde. Giottos Fresken mit Szenen aus dem Leben des Franz von Assisi in der Kirche Sancta Croce inspirierte Hindemith zu dem Ballett *Nobilissima Visione*, und nachdem er anfängliche Bedenken Massines zerstreuen konnte, verabredeten sie für den September 1937 ein Treffen in Positano. Hindemith ist wohl sogleich eine Ballettmusik eingefallen, die er schließlich als *Symphonische Tänze* ausführte und zu der er erst während seiner dritten Amerikareise 1939 das Szenarium *Der Kinderkreuzzug* schrieb. Für Positano entwarf Hindemith ein breites, detaillier-

Ein Plakat in der Ausstellung «Entartete Musik», Düsseldorf 1938

tes Szenarium, das sich vom endgültigen Entwurf, der weitgehend von Massines Vorstellungen bestimmt ist, charakteristisch unterscheidet. In Hindemiths Entwurf sollte das Werk, offenbar durch den ursprünglichen Einfall der Herausarbeitung einer *klarsten* musikalischen *Form* motiviert, aus zwei Teilen bestehen, die er eng zusammenhängend dachte: Der prosaischen Lebensführung des Franziskus im ersten Teil sollten im zweiten Teil analoge Szenen nach dessen Wandlung gegenübergestellt werden. Dazu heißt es in Hindemiths Entwurf: *Die zwei Hälften des Stückes entsprechen einander dergestalt, daß jede Hauptszene des ersten Teiles ... ihr Gegenstück im zweiten Teil hat ... Der musikalische Inhalt solcher Doppelszenen ist mindestens in thematischer Hinsicht der gleiche, so daß z. B. ein im ersten Teil prunkvoll entwickeltes, glänzend instrumentiertes Stück im zweiten Teil vereinfacht, aber inhaltlich vertieft auftritt.*[141] Als Mittel- und Wendepunkt entwarf Hindemith – wie im *Mathis* – eine Traumszene, die den Franziskus veranlaßt, seine Lebensform zu ändern: *Ein großes verschlossenes Tor erscheint, das im Verlauf der Szene von dagegen anstürmenden Menschengruppen aller Art – Soldaten, Bauern, Gelehrte, Zauberer usw. – zu öffnen versucht wird. Als auch eine ärmlich gekleidete Frau – die Frau Armut – die Pforte der Glückseligkeit zu erreichen sucht, richtet sich der Zorn aller gegen sie; sie wird niedergeworfen und geschmäht ...*

Der Traum ist zu Ende. Franz in tiefer Meditation, aus der er in große Erregung gerät.[142] Im endgültigen Entwurf wird dagegen die Entwicklung des Franziskus in der bündigen Abfolge einzelner zusammenhängender Bilder vorgeführt. Die Szene mit der entscheidenden Wandlung lautet nun: *Die Roheit des Soldatenlebens, die Grausamkeit des Krieges erfüllen ihn mit Abscheu; er gerät, da er ohnmächtig zur Hilfe ist, an den Rand der Verzweiflung. Die Erscheinung dreier symbolischer Frauengestalten zeigt ihm, daß ihm anstatt der Lorbeeren kriegerischer Taten ein Leben tief-menschlicher Frömmigkeit und Hingabe beschieden ist.*[143]

Hindemith hat aus den elf musikalischen Nummern seines Balletts fünf Stücke zu einer dreisätzigen Suite für Orchester nach rein musikalischen

Milhaud und Hindemith denken an ihren Freund Arthur Honegger

Bluche in der Schweiz: im Vordergrund das Haus der Hindemiths

Überlegungen zusammengefaßt. Der erste Satz der Suite umfaßt Nr. 8 *Meditation* und Nr. 10 *Kärgliche Hochzeit* (zwischen Franz und der Frau Armut), der zweite Satz Nr. 4 *Marsch* und Nr. 5 *Erscheinung der drei Frauen (Demut, Keuschheit, Armut)*; sowohl das Ballett als auch die Suite schließen mit einer *Passacaglia*, die im Ballett mit der Überschrift *Incipiunt laudes creaturarum* (die Lobgesänge der Geschöpfe heben an) versehen ist.

Hindemith beendete das Ballett *Nobilissima Visione* unmittelbar vor seiner zweiten Amerikatournee, die ihn vom 10. Februar bis zum 10. April 1938 vor allem wieder durch die Städte führt, in denen er bereits während seiner ersten Reise gastierte. Seine Abneigung gegen die USA scheint noch gewachsen zu sein: *Letztes Jahr*, schreibt er am 11. Februar 1938 aus New York an seine Frau, *schien mir hier alles, die Stadt und der Betrieb, in mannigfacher Hinsicht interessant, heuer ist kaum mehr als die abstruseste Scheußlichkeit zu bemerken. Es muß schrecklich sein, für immer hierher verurteilt zu sein; vielleicht arbeiten und wimmeln die Leute deshalb so viel, weil sie ja sonst zur Besinnung kämen und sähen, in welch einem Zerrbild von Welt sie ihr Leben zubringen.*

Schon bald nach seiner Rückkehr aus Amerika beginnen die Vorbereitungen zur Uraufführung der Oper *Mathis der Maler*. Nachdem Hindemith im Frühjahr 1938 auf der Düsseldorfer Ausstellung «Entartete Musik» vertreten war und damit alle Versuche des Verlages, eine offizielle

Duldung für eine mögliche Uraufführung der Oper in Berlin, Frankfurt oder Wien zu erreichen, endgültig gescheitert waren, fand die Premiere am 28. Mai 1938 in Zürich statt. Der überwältigende Erfolg dieser denkwürdigen Uraufführung hat Hindemith wohl über die Enttäuschungen in Deutschland hinweggeholfen. *Es gibt nur zwei Dinge, die anzustreben sind: Anständige Musik und ein sauberes Gewissen, und für beides wird gesorgt. Von diesem Standpunkt aus gesehen waren alle bisherigen Unternehmungen überflüssig – und wenn ich sehe, daß letztes Jahr noch ein Hosenschisser wichtig genommen wurde, der in jeder Hinsicht völlig belanglos ist, ob er nun gut oder schlecht oder überhaupt nicht über eine Sache schreibt, so steigt einem nachträglich noch ein Kloß des Bedauerns in die Kehle hinauf, besonders wenn man diese nichtssagenden Figuren dann zwischen dem allgemeinen Musikvolk in letzter Blässe sich zu einem Fastgarnichts verdünnen sieht,* schreibt er am 20. September 1938 an den Ver-

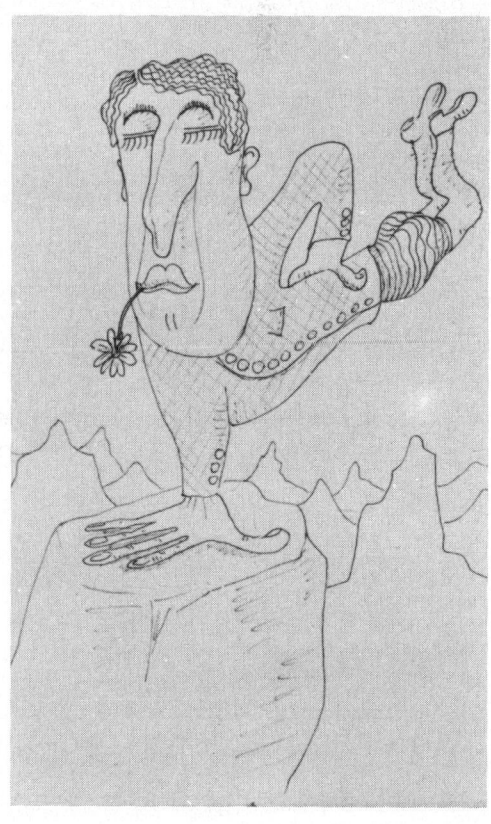

Karikatur von Hindemith

Manuskriptseite aus der «Unterweisung im Tonsatz»

lag, nachdem er bereits am 16. August seine Berliner Wohnung aufge-
löst hatte. Am 29. September bezieht er ein Haus in Bluche (Schweiz)
und findet wenigstens vorübergehend die herbeigesehnte arbeitsreiche
Einsamkeit: *... das Häuschen ist so, als wäre es uns auf den Leib ge-
schneidert, und die Gegend ist das Schönste, was man sich wün-*

schen kann, schwärmt er überglücklich, *eine liebliche Matten- und Baum-landschaft, rings umgeben von den großartigsten Dingen. Hinter uns die südlichste Kette der Berner Alpen, gegenüber die Walliser Schneeriesen (Weißhorn usw.) und vor uns tief unten das Rhonetal, das man etwa 40 Kilometer weit aufwärts verfolgen kann. Dazu die Abgeschiedenheit in einem winzigen Bauerndörfchen voller Kühe mit ständigem Gebimmel, das Häuschen mit Sommerveranda und Garten mit Obstbäumen, was will man mehr?* [144]

Hindemith hat sein Schaffen in diesen Jahren äußerer Bedrängnis nicht nur einem nachdrücklichen Kunstanspruch unterstellt, er hat ihm auch in der *Unterweisung im Tonsatz*, an deren beiden ersten Bänden (*I. Theoretischer Teil, II. Übungsbuch für den zweistimmigen Satz*) er von Dezember 1935 bis Februar 1939 arbeitete, eine musiktheoretische Grundlage gegeben. Allerdings will er sein musiktheoretisches System nicht als private Spekulation mißverstanden wissen, sondern er strebt eine auf der *natürlichen Beschaffenheit der Töne* gründende, allzeit gültige Tonsatzlehre [145] an. Er geht vor allem von zwei Naturtatsachen aus: von der Obertonreihe, aus der er den Verwandtschaftsgrad der zwölf Töne der chromatischen Tonleiter in absteigender Folge ableitet, die er *Reihe 1* [146] nennt (sie hat, auf den Ton c bezogen, folgende Reihenfolge: c^1, g, f, a, e, es, as, d, b, des, h, fis), und weiter von den Kombinationstönen, mit deren Hilfe er die verschiedenen Intervalle in einer *Reihe 2* [147] genannten Folge bewertet (die Wertfolge der Intervalle lautet: Oktave, Quinte, Quarte, große Terz, kleine Sext, kleine Terz, große Sext, große Sekunde, kleine Septime, kleine Sekunde, große Septime, Tritonus). Mit der Wertfolge der Intervalle in der *Reihe 2* begründet Hindemith eine *Phänomenologie aller Klänge* [148]: Er stellt zwei Hauptgruppen auf (A: ohne Tritonus, B: mit Tritonus) und untergliedert sie nach den Intervallbestandteilen (mit Sekunde, mit Septime etc.) und nach der Lage des Klang-Grundtones. Die *Wert- und Spannungsunterschiede*, die sich in der Abfolge der Klänge ergeben, nennt er *harmonisches Gefälle* [149]; die Abfolge der Grundtöne, die einen größeren harmonischen Zusammenhang tragen, bezeichnet er als *Stufengang* [150], der selbst wieder den Gesetzen der *Reihe 1* unterliegt. Als allgemeine Satzregel stellt er die Forderung nach einer *übergeordneten Zweistimmigkeit* auf, die besagt, daß in einem mehrstimmigen Satz die Baßstimme mit der nächstwichtigen höheren Stimme *einen einwandfreien, ohne Zufügung verständlichen zweistimmigen Satz* bilden soll. [151] Im *Sekundgang* schließlich erkennt Hindemith das *Hauptgesetz melodischer Baukunst*; danach wird ein *glatter, überzeugender Melodieverlauf* [152] dann erzielt, wenn die Haupttöne einer Melodie sich untereinander als Sekundschritte aufeinander beziehen lassen.

Hindemith möchte seinen theoretischen Entwurf in folgenden Charakteristika erfüllt sehen: *Kein eigenbrödlerisches modernes Tonsystem – dagegen scharfe Verurteilung aller leichtfertigen melodischen und harmoni-*

schen Experimente. Keine Satzstillehre wie die meisten bisherigen Harmonie- oder Kontrapunktlehrbücher – dagegen Zurückführung der allen Stilen gemeinsamen Satzvorschriften auf ihre physikalischen und historischen Grundtatsachen. Keine umstürzlerische Ablehnung früherer Satzweisen – dagegen Erweiterung des engen früheren Tonsatzsystems bis zur regelrechten Erfassung auch der entlegensten Klangverbindungen. Keine trostlose Sammlung unverständlicher und weltferner theoretischer Aufsätze – dagegen ein Buch lebendiger Praxis, verständlich für jeden ernsthaft an der Entwicklung der Satztechnik Interessierten.[153] Seine Theorie hat in ihrer beabsichtigten «natürlichen» Grundlegung nicht nur den Widerspruch der Musiktheoretiker herausgefordert, die sie allenfalls als ein aus seiner kompositorischen Praxis erwachsenes «Privatsystem» dulden – die Musikhistoriker mißtrauen ohnehin einer «natürlichen» Fundierung der Musiktheorie –, sondern Hindemith begab sich zudem mit seinem Verständnis vom Wirken der Tonverwandtschaften, die man nicht *erweitern oder erneuern* könne, ausdrücklich in Opposition zur Schönbergschule. Mit seiner Analyse von Schönbergs zwölftönigem Klavierstück op. 33a – Hindemith wählt dieses Stück wohl auch deshalb, weil Schönberg sich anscheinend bei einer Stelle im Reihenablauf irrt – will er die Musik durch das Analyse-Ergebnis unausgesprochen als «chaotisch» bloßstellen.

Hindemiths neue und durch einen wiedergewonnenen emphatischen Kunstbegriff konturierte ästhetische Einstellung macht sich sogleich in einer Abqualifizierung seiner eigenen früheren Werke bemerkbar. Die *Kammermusik Nr. 5* kommt ihm nun trotz ihrer kleinen Besetzung *überladen und übernommen* vor; sie sei *viel zu schwer auch für's Orchester.*[154] Über eine Wiederbegegnung mit der *Kammermusik Nr. 1* berichtet er seiner Frau am 3. März 1938: *Besonders vornehm ist's nicht gerade und der Aufwand an Schlagzeug usw. ist sicher eine Konzession an den damaligen Zeit(un)geschmack. Aber du lieber Gott, was wird denn heute in unserer chemisch reinen Kulturatmosphäre nicht alles für ein Kack produziert, der seiner Technik, seiner Erfindung, seiner musikalischen Haltung und sogar seiner Gesinnung nach tausendmal übler ist als dieses nicht sehr belangvolle Stück.* Im Juli 1936 beginnt er sogar mit der Überarbeitung des *Marienlebens*, die er erst 1948 beenden wird, obschon dieses Werk wohl kaum den polemischen Widerstand herausgefordert hatte oder als das entscheidende Werk musikalischer Dekadenz gelten konnte. Wahrscheinlich fühlte sich Hindemith nach der Ausführung des *Mathis* und im Vorfeld der *Nobilissima Visione* vom bedeutenden Gehalt des Werkes angezogen, der ihm in seiner frühen Musik nach den Erfahrungen einer seit 1933 einsetzenden extensiven Liedkomposition, die zu seinen Lebzeiten unveröffentlicht blieb, nur unvollkommen realisiert erscheinen mußte.

Aber Hindemith reagiert auch auf die Musik seiner Zeitgenossen immer unduldsamer. Ein charakteristischer Kommentar eines Konzertes während des Maggio musicale in Florenz 1938 lautet: *Molinari machte mit*

dem römischen Orchester ein ganz erstklassig gespieltes Konzert mit Rück-
blickmusik der letzten Jahrzehnte: Busoni, Respighi, Ravel und Strawinsky – von diesem den Sacre mit einer Leichtigkeit, Perfektion und Werktreue
gespielt, wie sie das Stück wohl noch nie erlebt hat. Trotzdem war der
Abend etwas seltsam; man saß ein wenig da wie die Teilnehmer an jenem
sagenhaften Mahl, wo ein englischer Archäologe seinen Gästen Reisbrei
aus fünftausendjährigen ägyptischen Körnern servierte ... ich bin sicher,
man wird nach wenigen Jahren den Zugang zu diesen Dingen ohnehin
nicht mehr finden, da sie sich in einer Richtung ausdehnen, der man nur
nachfolgen kann, wenn man mit den musikhistorischen und sonstigen Voraussetzungen der Entstehungszeit und den persönlichen Eigenarten der
Komponisten einigermaßen vertraut ist.[155]

Hindemiths tiefgreifenden Wandel in seiner ästhetischen Einstellung
bezeugen schließlich einige eher unauffällige Bemerkungen über einen
Museumsbesuch in Detroit: Eine ganze Menge deutscher Sachen der letzten 30 Jahre sind da; ich weiß nicht, ob die eifrige Betrachtung der venezia-
nischen und florentiner Maler daran schuld ist oder die Befassung mit Ton-
satzunterweisung: All das erschien mir herzlich unerfreulich und bei der
fast völligen Abwesenheit des zeichnerischen Elements nahezu ungenießbar.[156]

Aus all diesen Ausführungen Hindemiths lassen sich die Kategorien
erschließen, unter die er nun sein eigenes Schaffen gestellt sehen will:
Musik solle einfach als die letzte Reduktion hoher Ideen auf die klarste
Form, aber nicht simpel wie Unterhaltungsmusik sein; sie solle nicht die
Privatmeinung des Komponisten wiedergeben, solle nicht ihrer Entstehungszeit verhaftet bleiben, müsse in der Beachtung der in der Unterweisung im Tonsatz dargelegten natürlichen Gesetze der Tonbeziehungen ihre gleichsam zeichnerische Grundlegung erfahren.

Gleich im ersten größeren Werk mit Orchester, das Hindemith nach
Vollendung der Oper Mathis der Maler schrieb – das für den eigenen Ge-
brauch komponierte Bratschenkonzert Der Schwanendreher (1935) –, haben sich diese musikalischen Kategorien ausgewirkt. Sind noch die beiden vorhergehenden Bratschenkonzerte, die Kammermusik Nr. 5 und die
Konzertmusik op. 48 als ästhetische Äquivalente ihrer Entstehungszeit
konzipiert und verstanden worden, so hebt Hindemith im Schwanendreher mit einem programmatischen Vorwort gleich eine namenlose Vergangenheit ins Bild: Ein Spielmann kommt in frohe Gesellschaft und breitet
aus, was er aus der Ferne mitgebracht hat: ernste und heitere Lieder, zum
Schluß ein Tanzstück. Nach Einfall und Vermögen erweitert er als rechter
Musikant die Weisen, präludiert und phantasiert. Dieses mittelalterliche
Bild war die Vorlage für die Komposition. Diese Komposition enthält
nichts unmittelbar «Aktuelles» mehr, meint also auch nicht aktualisieren-
de Besinnung auf historische Gehalte. Der Gehalt dieses Werkes läßt sich
denn auch mit der ästhetischen Theorie entschlüsseln, die der Kunst über-

Hindemith und Willy Strecker, 1935

haupt nur noch den Charakter eines Vergangenen zusprechen kann. «Wenn zu unseren Zeiten», schreibt Hegel, «freilich die lebendige Welt nicht das Kunstwerk in sich bildet, muß der Künstler seine Einbildung in eine vergangene Welt versetzen; er muß sich eine Welt träumen, aber es ist seinem Werk auch der Charakter der Träumerei ... der Vergangenheit, schlechthin aufgedrückt.»[157] Teilt sich in der frühen Musik Hindemiths der Gestus des Musizierens noch unmittelbar durch ihre instrumentale Präsenz mit, so kann Hindemith im *Schwanendreher*, einer Musik über das Musizieren, deren Gegenwärtigkeit nur noch im Bild des längst schon Vergangenen beschwören.

Hindemiths neuer Musikbegriff schlägt sich aber vor allem in der 1935 einsetzenden extensiven Kammermusikproduktion nieder, die 1939 zu jenem berühmten Plan einer Werkreihe von Sonaten für alle gebräuchlichen Instrumente führt: *Du wirst Dich wundern*, schreibt er am 20. November 1939 an Ludwig Strecker, *daß ich das ganze Blaszeug besonate. Ich hatte schon immer vor, eine ganze Serie dieser Stücke zu machen. Erstens gibt es ja nichts Vernünftiges für diese Instrumente, die paar klassischen Sachen ausgenommen, es ist also zwar nicht vom augenblicklichen Geschäftsstandpunkt, jedoch auf weite Sicht verdienstlich, diese Literatur zu bereichern. Und zweitens habe ich, nachdem ich mich schon mal so ausgiebig für die Bläserei interessiere, große Lust an diesen Stücken, und schließlich dienen sie mir als technische Übung für den großen Schlag, der* dann mit der «Harmonie der Welt» (so oder ähnlich wird der Kepler-Titel lauten) hoffentlich im Frühjahr in Angriff genommen werden kann. Hindemith wird die Reihe der Sonaten erst 1955 mit der *Sonate für Baßtuba und Klavier*, die Oper *Harmonie der Welt* erst 1957 beenden.

In diesen neuen Kammermusikwerken – 1935 bis 1939 entstehen zwei Sonaten für Violine und Klavier (in E, 1935; in C, 1939), drei Klaviersonaten (1936), zwei Orgelsonaten (1937), eine Harfensonate (1939) und Sonaten mit Klavier für Flöte (1936), Oboe (1938), Fagott (1938), Bratsche (1939), Klarinette (1939), Horn (1939) und Trompete (1939) sowie ein Quartett für Klarinette, Violine, Violoncello und Klavier (1938) – geht Hindemith von völlig anderen ästhetischen und kompositorischen Voraussetzungen aus als bei seiner frühen Kammermusik. Der Primat der Kammermusik in den zwanziger Jahren, die eben nicht den Idealtypen der Kammermusik des 19. Jahrhunderts entsprechen wollte, repräsentierte in polemischer Spitze gegen die spätromantische «Weltanschauungsmusik» der Jahrhundertwende das Zentrum der Musikentwicklung schlechthin; und von seiner zumeist für den eigenen oder seiner Freunde Bedarf geschriebenen Kammermusik erschloß sich Hindemith die anderen Musikbereiche. Um 1935 dagegen wendet er sich, ausgehend von der wieder den traditionellen Kunstanspruch erfüllenden Oper *Mathis der Maler*, mit den Kammermusikwerken einer Gattung zu, die besonders in den von Hindemith gewählten Besetzungen längst wieder als peripher galt und keinen offensichtlichen Bedarf erfüllte. Aber Hindemith möchte einerseits die Literatur für diese Instrumente bereichern und andrerseits die neuen kompositionstechnischen Errungenschaften ausbauen und vertiefen. So ist der sozio-musikalische Raum, in dem diese Werke angesie-

Zeichnung von Paul Hindemith

delt sind, weder als «privat» noch als «öffentlich» charakterisierbar; als «Hausmusik» sind sie zu gewichtig und anspruchsvoll, als «Konzertmusik» (mit wenigen Ausnahmen) zu wenig konzertant oder repräsentativ. Zudem scheint in einzelnen Sätzen aus diesen Werken – etwa die bedeutende Tripelfuge aus der *Sonate für Violine und Klavier* (1939) – der abstrakte musikalische Gehalt durch die gewählte Besetzung nicht recht sinnlich darstellbar. Entfesselt also Hindemiths neue kompositorische Einstellung eine einzigartige Produktivität mit einer vergleichslosen Vielfalt an Formen – jede Sonate hat ihre individuelle, unverwechselbare Formdisposition –, so duldet die straffe Kompositionstechnik nichts «Subjektives», Überraschendes oder Abenteuerliches mehr; sie nähert die Sonaten in ihrem «Ton» einander an. Andererseits gehen in einige Sonaten autobiographische Züge ein: Die erste Klaviersonate (1936), der das Gedicht «Der Main» von Hölderlin als Vorlage dient, trägt Züge der inneren Emigration und des Abschieds, die *Trauermusik* aus der Trompetensonate (1939) bezieht sich auf den Ausbruch des Zweiten Weltkriegs. Ist in der Kammermusik des 19. Jahrhunderts die Formdisposition oft das musikalisch vorgegebene Allgemeine, das durch Thematik, Harmonik und Satztechnik individuell erfüllt wird, so sind in diesen Sonaten Hindemiths umgekehrt eher die Satztechnik oder die oft stereotype, dem Charakter der Instrumente abgewonnene Thematik das stets wiederkehrende musikalisch Allgemeine, das in einer individuellen, charakteristischen Formdisposition ausgearbeitet wird.

Hindemiths dritte Amerika-Reise vom 28. Januar bis zum 5. Mai 1939 führt ihn diesmal durch ganz Amerika. Er sucht nun intensiver nach zukünftigen Existenzmöglichkeiten, da er weiß, daß ein Krieg in Europa unvermeidlich ist. Sein anfängliches Interesse an der Filmmusik schwindet sofort, als er Hollywood besucht: *Ich glaube, daß ich von der Idee, hier am Film irgendetwas mitzumachen (die noch durch die völlig wahnwitzige Idee, etwas künstlerisch Wertvolles hervorzubringen, gestützt war), ziemlich kuriert bin. Ernsthaft kann man das nicht betreiben.*[158] Über Los Angeles, wo er lange genug bleibt, um die versteckten Rivalitäten und Eifersüchteleien unter den deutschen Emigranten zu bemerken – *Berlin in voller Größe, wie es leibte und lebte*[159] –, resümiert er: *Das endgültige Ergebnis meiner Erfahrungen hier ist: Wenn es irgend geht, nicht hierher gehen zu müssen . . . Das Ganze ist ein Alpdruck, ein Goldgräberwahn.*[160]

Ein bißchen daheim sein

Nach dem Ausbruch des Zweiten Weltkriegs drängen Nicolas Nabokoff und die amerikanische Vertretung des Schott-Verlages auf eine rasche Übersiedlung Hindemiths nach Amerika; er zögert jedoch, weil er alles, was ihn in Europa hält, so spät wie möglich aufgeben möchte. *Unsere uns sehr ans Herz gewachsene Heimat hier, die Beziehung zu Schott und laufende Konzert- und sonstige Verpflichtungen . . . Es ist, wie Sie sich denken können, kein Vergnügen, zweimal innerhalb zweier Jahre sein ganzes Leben umzukrempeln*[161], schreibt er. Wenig attraktiv scheint ihm auch der Plan einer neuerlichen Tournee durch die Staaten: *. . . da ich ja doch in erster Linie Komponist und Lehrer bin und erst danach ein leidlich dressierter Podiumshengst.*[162] Erst als man ihm Theoriekurse an der Universität in Buffalo, in Ithaca (Cornell University) und Aurora (Welsh's College) sowie einen Sommerkurs beim Birkshire-Festival in Tanglewood anbietet, fährt er im Februar 1940 in die Staaten und läßt sich in Buffalo nieder. «Was hätte er jetzt nicht alles geschrieben, wenn er noch so ein paar Monate ruhiger Arbeitsmöglichkeit gehabt hätte!» schreibt Gertrud Hindemith, die zunächst noch in der Schweiz zurückbleibt, an den Schott-Verlag, «aber die Zeiten sind fast zu schwer und traurig, um so ungestört seiner Produktion leben zu können.»[163]

In den USA nimmt Hindemith noch zusätzlich Gastvorträge an der Yale University (New Haven) an. Die nun anfallende Arbeit läßt ihn nicht zur Besinnung kommen: *Freitags nachts nach Yale; Samstag bis Montag bis an den Hals in Arbeit dort; Montag nachts nach Ithaca; nachmittags (Dienstag) Cornell und abends Aurora; Mittwoch vormittags nach Buffalo; Mittwochs bis abends, Donnerstags und Freitags vor- und nachmittags Stunden in Buffalo; Freitags nachts wieder nach Yale . . .*[164], schreibt er an seine Frau. *Einstweilen ist mir noch, als hätte ich niemals im Leben auch nur eine Note gedacht und geschrieben.*[165]

Seine Gastvorträge in Yale sind so erfolgreich, daß er einen Ruf dorthin erhält. *Ich war froh, als sie mir letzthin anboten, nächstes Jahr nach dort zu kommen*, berichtet er Gertrud Hindemith am 12. April, *es ist der erste Platz im Lande, wo ich fühle, daß man ein bißchen daheim sein könnte.* Hindemith hat sich wohl erst zu diesem Zeitpunkt entschlossen, zu-

Skizzenseite zu den «Symphonischen Metamorphosen
nach Themen von Carl Maria von Weber»

nächst auch dann in den Staaten zu bleiben, wenn der Krieg in Europa,
wie Willy Strecker prophezeite, im Herbst 1940 beendet sein sollte. Während der Sommerkurse in Tanglewood gelingt es ihm auch wieder zu komponieren. Bis zum Ende des Jahres entstehen neben weiteren Sonaten vor
allem das *Cellokonzert*, die *Symphonie in Es* und das Ballett *Die 4 Temperamente* für Klavier und Streichorchester.

Dieses Ballett ist das einzige vollendete aus einer Vielzahl von Ballettprojekten in jener Zeit, von denen Hindemith entweder nur Szenarien (zum Beispiel nach Breughel-Bildern) oder nur die Musik (wie etwa die 1943 dann als selbständiges Orchesterwerk vollendeten *Symphonischen Metamorphosen nach Themen von Carl Maria von Weber*) entwarf. Die Projekte scheiterten entweder an unüberbrückbaren ästhetischen Gegensätzen mit Massine und seinen Beratern oder an finanziellen Fragen. Mit der Ballettmusik *Die 4 Temperamente* wollte Hindemith Balanchines Plan eines Ballettes zur Musik der *Kammermusik Nr. 2* vereiteln, den Balanchine allerdings doch noch ausführte.

Mit den genannten symphonischen Werken, zu denen noch das 1939 in der Schweiz komponierte *Violinkonzert* zu zählen ist, hat sich Hindemiths Orchesterstil entscheidend konsolidiert: Es sind die ersten Werke, die Hindemith nach den noch mit der Oper bzw. dem Ballett zusammenhängenden Arbeiten wie der *Mathis*-Symphonie oder den *Symphonischen Tänzen* direkt für den Konzertsaal komponiert hat. Eine neue Modifizierung, die Hindemiths Spätstil einleiten wird, erfährt seine symphonische Musik erst Anfang der fünfziger Jahre.

Diese stilistisch einheitliche Musik für den Konzertsaal, die Hindemith nun in einem auffällig verlangsamten Tempo herausbringt, erwächst aus seiner Situation als deutscher Emigrant in einem Lande, das einerseits in politischer Solidarität die zeitgenössische russische Symphonik umfassend aufnimmt und andererseits selbst einen Nationalstil in der Musik ausbildet. Wenn Hindemith überhaupt aufgeführt werden wollte, so konnte er das nur mit einer Musik erreichen, die bei aller Kunstfertigkeit gleichwohl einfach, klar und mitreißend konzipiert war, die weniger im Kontext außermusikalischer Emotion, sondern vielmehr durch ihren unmittelbar bezwingenden Kunstcharakter überzeugte. Die unter einem ähnlichen Zwang komponierten Werke Bartóks oder selbst die tonalen Werke Schönbergs aus dieser Zeit zeigen denn auch überraschende Gemeinsamkeiten mit denen Hindemiths. Die Werke Hindemiths fallen vor allem durch ihre brillante Instrumentation auf. Seine intimen Kenntnisse der Spielweisen aller Orchesterinstrumente lassen ihn nicht nur die akustisch günstigen oder charakteristischen Lagen der Instrumente ausnützen, er erfindet darüber hinaus Motive und Themenkomplexe aus dem Charakter der verwendeten Instrumente. Um seine Musik sowohl für den Laien als auch für den Fachmann interessant zu machen, ergreift Hindemith eine Reihe kompositorischer Maßnahmen, in denen ein traditioneller musikalischer Gehalt oder ein bestimmter musikalischer Charakter, nicht so sehr dagegen eine bestimmte Formdisposition ausgenützt und individuell abgewandelt werden. Zunächst zitiert Hindemith in seinen Werken umfangreich historische Musik: Der letzte Satz des *Cellokonzertes* (1940) enthält ein *Trio nach einem alten Marsch*; die *Symphonischen Metamorphosen* sind nach Themen aus Werken von Carl Maria von Weber gestaltet, die

Hindemith größtenteils mit seiner Frau vierhändig am Klavier spielte; das *Klavierkonzert* (1945) zitiert im letzten Satz den mittelalterlichen Tanz «Tre Fontane»; die klanglich sich deutlich an Bruckner anlehnende *Symphonia serena* (1946) paraphrasiert Beethovens «Geschwindmarsch»; das *Septett* (1948) benützt im letzten Satz den «Alten Berner Marsch», das *Konzert für Holzbläser, Harfe und Orchester* (1949) greift Mendelssohns «Hochzeitsmarsch» auf (Hindemith überraschte mit diesem Zitat seine Frau zum fünfundzwanzigjährigen Hochzeitstag). Formdispositionen werden teilweise auch dort ganz aus dem Geist des Kontrapunktes erfunden, wo Ostinati, Fugen oder Kanons dem Satz ohnehin nicht schon zugrunde liegen: Der zweite Satz des *Cellokonzertes*, der dritte Satz der *Symphonia serena* und der zweite Satz der *Symphonie in B für Blasorchester* (1951) sind so konzipiert, daß zwei heterogene Komplexe erst sukzessiv, dann simultan abgespielt werden; im *Septett* repräsentiert der vierte Satz die rückläufige Form des zweiten Satzes. In der *Althornsonate* (1943) greift Hindemith sogar auf die mittelalterliche Technik der Isorhythmie zurück. Das Paradigma der kontrapunktischen Kunst Hindemiths dieser Zeit bildet der *Ludus tonalis* (1942), eine Reihe von dreistimmigen Fugen für Klavier, deren tonale Zentren Hindemith nach der *Reihe 1* anordnet und zwischen denen er überleitende *Interludien* einfügt. Das *Postludium* dieses Werkes ist der Spiegel-Krebs des *Präludiums*. Trotz der besonders engen Verbindung dieses Werkes mit den in der *Unterweisung im Tonsatz* beschriebenen Gesetzen der Tonverwandtschaften ist diese Musik dennoch alles andere als akademisch, spröde oder trocken; vielmehr scheint Hindemith gerade mit diesem Werk demonstrieren zu wollen, daß zwischen satztechnischer Meisterschaft und unmittelbarem, spontanem musikalischen Ausdruck kein Widerspruch besteht.

Von den Techniken der motivisch-thematischen Arbeit verwendet Hindemith primär die Variantenbildung, die thematische Einheitlichkeit in Formdispositionen hineinträgt, welche über der klanglichen und ausdrucksmäßigen Heterogenität gereihter Abschnitte auseinanderzufallen drohen. Die fünf Teile *Canzone – Marsch – Valse lente – Caprice – Tre Fontane* des letzten Satzes aus dem *Klavierkonzert* (1945) etwa repräsentieren Varianten über das mittelalterliche «Tre Fontane», das sukzessiv in seiner thematisch originären Form erst zum Schluß herausgestellt wird.

In seiner Kammermusik führt Hindemith schließlich ein Verfahren ein, das gleichsam den ästhetischen Gehalt und den Ausdruck seiner absoluten Musik unzweideutig fixieren möchte: das instrumentale Rezitativ, dem ein Text zugrunde liegt. Dem dritten Satz der *Sonate für 2 Klaviere* (1942) geht ein Gedicht voran, das genau der Oberstimme des ersten Klaviers unterlegt werden kann; in der *Sonate für Althorn und Klavier* (1943) müssen die beiden Interpreten einen Text Hindemiths rezitieren, bevor sie den Schlußsatz spielen; das Ballett *Hérodiade* (1944) ist vollständig eine *Orchesterrezitation* des Mallarméschen Gedichts, und im *Hornkon-*

zert (1949) fügt Hindemith eine *Deklamation* ein, die wiederum dem folgenden instrumentalen Rezitativ des Solisten unterlegt werden kann. Mit den zahlreichen instrumentalen Rezitativen, denen kein Text zugrunde liegt oder zu liegen scheint, möchte Hindemith darauf hinweisen, daß Musik als eine kommunikative Kunst auch dort dem Hörer etwas zu verstehen aufgibt, wo Worte fehlen.

Gertrud Hindemith landet nach einer abenteuerlichen Reise über Lissabon am 12. September 1940 in New York; am 22. September mietet sich das Paar in New Haven ein möbliertes Haus in der West Elm Street 134, und am 28. September nimmt Hindemith seine Lehrtätigkeit an der Yale University auf.

Beide bemühen sich darum, ihre in Bluche erworbene anonyme Existenz fortzuführen, gehen gesellschaftlichen Verpflichtungen schroff aus dem Weg. Mit Karl Bauer von den Associated Music Publishers, der Vertretung des Schott-Verlags in New York, und dem Rechtsanwalt Oskar Cox schließen sie Freundschaft, auch mit Kollegen in Yale wie Richard Donovan, Bruce Simonds und Luther Noss pflegen sie freundschaftlichen Kontakt. Die Hindemiths verlassen New Haven bis 1946 im wesentlichen nur, um in den Ferien Wandertouren zu unternehmen oder um in New York anfallende Verlagsprobleme durchzusprechen. *Der Publaden* – so nennt Hindemith die amerikanische Vertretung des Schott-Verlags – *in New York ist eine Art Ersatz für den Weihergarten, und immer wenn ich hinkomme, ist große Freude bei Voigt und Bauer. Aber das Original* [der Schott-Verlag in Mainz, Weihergarten] *ist doch nicht zu ersetzen*[166], schreibt Hindemith wehmütig an Willy Strecker. Als Amerika im Dezember 1941 in den Krieg eintritt, bricht der Briefkontakt mit Mainz und Deutschland bis 1945 ab. Dafür gewinnt Hindemiths Frau, die in Yale weiterstudiert und ihre Magisterprüfung in Französisch ablegt, einen um so intensiveren Einfluß auch auf Hindemiths ästhetische Entscheidungen.

Hindemith hat seine Unterrichtsweise in Yale modifiziert: Als er erkannte, daß seine amerikanischen Studenten andere Voraussetzungen als seine Berliner Schüler mitbrachten, paßte er sich an und schrieb Bücher: *A Concentrated Course in Traditional Harmony* (1943, deutsch als: *Aufgaben für Harmonieschüler*), *Elementary Training for Musicians* (1946, deutsch als: *Übungsbuch für elementare Musiktheorie*) und *Exercises for Advanced Students* (1948, deutsch als: *Harmonieübungen für Fortgeschrittene*). Diese Arbeiten führen die Anfänger teilweise in jene traditionellen musiktheoretischen Systeme ein, die Hindemith mit seiner *Unterweisung im Tonsatz* überwunden glaubte, die aber zugleich auch dort latent vorausgesetzt waren. Den immer wieder in Angriff genommenen dritten Teil der *Unterweisung* konnte er jedoch nicht vollenden.

An seine Kompositionsschüler dagegen hat Hindemith konzessionslos höchste Ansprüche gestellt. Dabei versuchte er ihnen das Gefühl der Kollegialität zu vermitteln; mit freigebig gespendetem Lob hat er sie kaum verwöhnt, sie eher durch die selbstverständliche Art, mit der er für sie Fugen an der Wandtafel komponierte, entmutigt. *Ich habe sie*, schreibt Hindemith aus Tanglewood bereits am 20. Juli 1940 an seine Frau, *so gründlich durchgedreht, daß ich die aufwallende Verzweiflung mit teilweisen Tränenergüssen in einigen Privatsitzungen beschwichtigen mußte. Jetzt haben sie alle mehr oder weniger eingesehen, daß und wie gearbeitet werden muß. Wenn die 6 Wochen herum sind, werden wenigstens einige von ihnen die Schule als zwar wenig begabte, aber einsichtige und vielleicht brauchbare Kerle verlassen.* Hindemith versuchte stets, seine Kompositionsschüler so umfassend als Musiker auszubilden, daß sie sich auch dann im Musikleben als Instrumentalisten, Pädagogen, Musikologen, Editoren oder im Verlagswesen nützlich machen konnten, wenn die erhoffte kompositorische Begabung nicht ausreichte. Er war überhaupt der Meinung, daß sich Komposition nicht lehren lasse: Ein Kompositionstalent hätte eben auch durch alle Schwierigkeiten hindurch selbständig seinen Weg zu machen. Zwar strebte Hindemith ein allgemeinverbindliches musiktheoretisches System an, aber als Lehrer hat er sich nie darum bemüht, eine Schule zu begründen (er nahm auch keine Privatschüler an). Aus seinen Briefen gewinnt man den Eindruck, daß er in den Jahren seiner Lehrtätigkeit in Yale von 1940 bis 1953 nur Lukas Foss kompositorisches Talent zusprach.

Nachdem Hindemith im März 1940 nach Abhören der von ihm 1939 eingespielten *Sonate für Bratsche und Klavier* (1939) beschlossen hatte, nicht mehr öffentlich auf diesem Instrument zu spielen – ... *und ich habe doch beschlossen, die öffentliche Spielerei endgültig an den Nagel zu hängen. Wenn sie nicht schöner ist als das, was aus dem Grammophon herauskam, ist sie nicht mehr wert, gezeigt zu werden*[167] –, begann er sich in Yale umfassend in die historisch entlegene Musik von Perotinus (ca. 1200) bis Bach einzuarbeiten. Anknüpfend an Konzerte mit historischen Instrumenten an der Berliner Musikhochschule konzipierte er bereits im Sommer 1941 einen musikhistorischen Kurs für Tanglewood, *in welchem die mir unterstellte Gruppe von ungefähr 150 Leuten sich singend und spielend durch die Musik vom zwölften bis zum sechzehnten Jahrhundert durchschlängelte. Es war eine sehr schöne, noch niemals in diesem Ausmaß probierte Sache, die für alle Beteiligten eine höchst wertvolle Erfahrung bildete ... Das Gesamtprogramm umfaßte etwa 200 Stücke, wovon die meisten noch niemals vorher (ausgenommen die Zeit ihrer Entstehung) gesungen oder gespielt worden waren.*[168] In Yale institutionalisiert Hindemith diesen Kurs in einem Collegium Musicum; in den alljährlichen Konzerten von 1945 bis 1953, die in New Haven und New York stattfanden, hat er nicht nur dirigiert oder auf historischen Instrumenten mitgespielt, sondern er hat die Stücke auch teilweise in moderne Notation übertragen und Aufführungsmaterialien hergestellt.

Von Geld ist die Rede, von wem noch?

«Ich war bis jetzt Kosmopolit ...

... nun aber geht irgendeine Verwandlung in mir vor: alles Russische wird mir nahe und vertraut», schrieb der Zwanzigjährige, als er von seinem ersten Moskaubesuch nach Petersburg zurückgekehrt war. Hier, in der Stadt an der Newa, lebte er sorglos und frei von dem Zwang, Geld zu verdienen.

Wenige Jahre später kam die Wende: Die Aufhebung der Leibeigenschaft. Obwohl der junge Mann von Herzen dafür war, war er in seinen Finanzen doch sehr davon betroffen. Plötzlich erschien ihm, dem jungen Autodidakten der Musik, die Zukunft «nicht ganz rosig».

Nun war er gezwungen, seinen Lebensunterhalt zu verdienen, als subalterner Staatsdiener in verschiedenen Ministerien. Seine Neigung aber galt weiter der Musik. Und so komponierte er denn vormittags in seiner kleinen Wohnung, die er meistens mit anderen teilte, und nachmittags drückte er die harten Stühle der Kanzleien.

Aus diesem Dilemma floh er in die Trinkerei. Nächtelang saß er beim Cognac, und wenn das Geld nicht reichte, verkaufte er seine Habe stückweise, zuletzt auch seine elegante Kleidung aus besseren Tagen.

Als seine große Oper doch fertig geworden war, wurde sie zweimal von der Prüfungskommission des Marinsky-Theaters zurückgewiesen. Heute gehört sie, die den Zarewitsch-Mörder zum Helden hat, zum Standardrepertoire aller Musikbühnen der Welt.

Wenige Tage nach seinem 42. Geburtstag starb der Komponist im Elend eines Militärhospitals. Von wem war die Rede?

(Alphabetische Lösung: 13-21-19-19-15-18-7-19-11-25)

Am 1. Oktober 1945 beziehen Gertrud und Paul Hindemith ein eigenes Haus in der Alden Avenue 137 in New Haven; im Januar 1946 nehmen sie die amerikanische Staatsbürgerschaft an, die sie bis zu ihrem Lebensende nicht mehr aufgeben. Im Frühjahr 1946 komponiert Hindemith das Requiem *When Lilacs Last* auf einen Text von Walt Whitman, das zwar ausdrücklich aller Toten des Weltkrieges gedenken soll, gleichwohl aber besonders innig der amerikanischen Geschichte verbunden ist. Hindemith hat also unmittelbar nach Kriegsende nicht einmal erwogen, in absehbarer Zeit nach Europa oder Deutschland zurückzukehren. Trotz aller Erschütterung über das menschliche Leid und das Ausmaß der Zerstörung in Deutschland steht er den aufkeimenden musikalischen Aktivitäten, die sich in einem Akt der Wiedergutmachung besonders um sein Werk zentrieren, geradezu mißtrauisch gegenüber. *Von den deutschen Aufführungen bekommen wir überallher Berichte. Ich finde, man übertreibt das Ganze, und das einzige Ergebnis wird eine heftige Gegenwelle sein*, schreibt er am 26. Dezember 1945 an Willy Strecker, der ihn zu beruhigen sucht mit Bemerkungen wie: «Ich habe alle Mühe, ganze Hindemith-Abende zu verhindern, die meines Erachtens eher schaden wie nützen können.»[169] Wenn Hindemith die zahlreichen Aufforderungen und Angebote aus Deutschland ausschlug, bei der Neuorganisation des Musiklebens zu helfen, so nicht nur deshalb, weil er sich durch die Übernahme neuer administrativer Aufgaben noch mehr am Komponieren gehindert fühlte oder weil er vielleicht Aversionen gegen ein Land nicht überwinden konnte, das ihn zur Emigration gezwungen hatte, sondern weil er argwöhnte, in einem musikpolitischen Taktieren als unangreifbare moralische Instanz zum Vorteil anderer vorgeschoben und mißbraucht zu werden.

In einem Brief an Willy Strecker vom 15. Juli 1946 macht er seiner tiefen Verärgerung Luft; einerseits hätte er nach den Jahren der Trennung *jede kleine Nachricht mit Spannung und Sehnsucht erwartet. Auf all das Unglück, die Zerstörung und die Misere waren wir durch die sehr ausführliche Berichterstattung wohl vorbereitet, trotzdem erregten all die traurigen persönlichen Schicksale, die sich nun vor uns ausbreiteten, unsere tiefste Anteilnahme. Unsere allgemeine Stimmung war: Schnell hinüber und helfen, soviel wir können*; andererseits aber höre seine Sympathie auf musikalischem Gebiet auf: *Ich habe mich von jeher als Privatmann gefühlt und was ein Publikum mit der von mir gelieferten Musik anfängt, soll mein Privatleben nicht berühren, ebenso wie ich mit dieser Musik auch nicht das Privatleben anderer anrühren will. Nachgerade komme ich mir aber vor wie ein Eckstein, an dem jeder Vorübergehende das Wasser seiner künstlerischen Meinung abschlägt. Aber auch damit könnte man noch einverstanden sein, da schließlich Bekanntwerden und Erfolghaben solche Folgeerscheinungen zeitigen. Nicht einverstanden ist man aber, wenn selbst von den besten Freunden – und gerade von denen – alles in die Öffentlichkeit geschrien wird, was sie von einem wissen. Es geschieht unter dem Deck-*

Konzertprobe des «Collegium musicum»

mantel der «Förderung der Kunst», der «Wiedergutmachung», der «alten Anhänglichkeit», und leider stellt sich selbst bei flüchtigstem Hinsehen heraus, daß jeder damit nur für sich selbst das Beste aus der augenblicklichen Konjunktur herausholen will.

Hindemiths wachsende Neigung, sich sogar bewährten Freunden zu verschließen, mag auch in diesen Nachkriegserfahrungen begründet sein.

Während Hindemith dem beispiellosen Erfolg seiner Werke im Nachkriegsdeutschland mißtraut – Willy Strecker muß ihm immer wieder versichern, daß sie auf ehrliches Verständnis stoßen, eben keine «Sensation» machen würden –, erfährt er nun gleichzeitig von einer wachsenden Opposition der musikalischen Jugend vor allem gegen seine jüngste Musik, die von den «Darmstädter Ferienkursen für neue Musik» ausgeht. Willy Strecker schreibt ihm noch 1946, daß seine Werke dort «überall den unbestritten größten Erfolg hatten und nach dem Urteil sämtlicher Teilnehmer eine absolute Sonderklasse bilden»[170]. «Die ersten Stücke von Hindemith», erinnert sich Stockhausen, «waren für uns 1948–49 im Radio unbeschreibliche Entdeckungen.»[171] 1949 aber muß Strecker Hindemith über die Ferienkurse, die nun erstmals durch musiktheoretische Vorstellungen aus dem Schönberg-Kreis geprägt werden, schreiben: «Leider war ein ziemlicher Kreis von Jugend zusammen gekommen, die nun völlig verwirrt überhaupt nicht mehr wissen, was sie sollen, und unter anderem auch Deine letzten Werke wie Cellosonate und Klavier-Konzert zum alten Eisen werfen. Ich denke, Du kannst es in Ruhe ertragen.»[172] *Darmstädter Musiktage, hahaha*, antwortet Hindemith, *Das ist ganz so, wie ich's mir denke. Zum alten Eisen gehören ist Ehrensache. Die Musikgeschichte ist voll altem Eisen, und dieses war von jeher dauerhafter als neuer Bockmist. Die falsche Begeisterung war sowieso sehr peinlich.*[173] Indessen hat sich diese erst gegenwärtig schwindende Opposition in offene, geradezu haßerfüllte Feindschaft gesteigert, während Hindemith die konservativen Seiten seiner Musiktheorie immer schärfer und hartnäckiger pointiert.

Vom 3. April bis zum 10. September 1947 unternimmt Hindemith seine erste Europa-Reise nach dem Krieg. Um die Reise finanzieren zu können, dirigiert er vor allem eigene Werke in Italien, Holland, Belgien, England und Österreich, während er sich in Deutschland nur wenige Tage aufhält, um seine Mutter und die Streckers wiederzusehen. Vor seiner

*Das Ehepaar
Hindemith, 1945*

zweiten Europa-Reise vom 6. August 1948 bis zum 25. März 1949 vollendet er die Neufassung des *Marienlebens*, die er mit einem ausführlichen Vorwort veröffentlichen läßt. Die latente Polemik dieses Vorworts hat der unvoreingenommenen Rezeption dieser Neufassung geschadet. Der ganze Zyklus, der durch die grundsätzliche Rücksicht auf die Singstimme und die kontrollierte harmonische Disposition sowie durch einen subtil vorgeplanten dynamischen und expressiven Spannungsverlauf geprägt ist, übertrifft die Erstfassung an Kunstfertigkeit: Hindemith überzieht ihn nun mit einem Netz von textinterpretierenden thematischen Bezügen und symbolisch zu deutenden tonalen Zentren. Im Vorwort stellt Hindemith

In Neapel, 1947

*So ließ sich
Hindemith
bei seiner
Silbernen Hochzeit
1949 fotografieren*

jedoch diese *geistige Vertiefung* dem verachtenswerten Streben nach musikalisch Neuem im emphatischen Sinne entgegen: *Dieses «Neue» ist nach tausenderlei Varianten schal geworden, aber das uralte Streben nach geistiger Vertiefung der Musik ist noch immer so neu wie je. Bei aller Wertschätzung, die man billig den technischen Neuerungen entgegenbringen kann, da sie ja die Arbeit erleichtern wollen, ist es doch angezeigt, in der Bezeichnung «Neue Kunst» die Betonung des Wortes «neu» zu vermindern und dafür die «Kunst» um so mehr hervorzuheben.*[174] Die Antwort der jungen Komponisten formulierte 1949 Hans-Werner Henze: «... hat nicht das alte Marienleben, mehr vielleicht als man ahnt, Schule gemacht, haben sich nicht diese ‹atonalen› Klänge und Melodiebögen inzwischen eingebürgert, ist nicht auch die Technik der Sänger daran gewachsen? Die alte Fassung hat soviel von Enthusiasmus und Einmaligkeit (gerade da, wo der Satz tonal inkommensurabel oder die Führung der Singstimme von unausgewogener Chromatik ist) wie die neue von satztechnischer und formaler Meisterschaft. Der Schmelz des Erstmaligen und seine eigenartige, wilde Schönheit sind dabei verlorengegangen.»[175]

Den ästhetischen Hintergrund des *Marienleben*-Vorwortes und der Vorträge, die Hindemith im Frühjahr 1949 im Auftrag der amerikanischen Militärregierung in Deutschland hält, sowie seiner Vorlesungen auf dem Lehrstuhl für Poetik an der Harvard University im Winter 1949/50 und schließlich seiner bedeutenden Hamburger Rede *Bach, ein verpflich-*

tendes Erbe (1950) arbeitet Hindemith in seinem Buch *Komponist in sei-ner Welt* (englisch 1952, deutsch 1959) aus. Er selbst nennt die Musikan-schauung, die er entwickelt, ausdrücklich *wenig fortschrittsgläubig* und *im tiefsten Grunde unmodern*[176]; die Autoren, auf die er sich stützt, sind Mu-siktheoretiker des Mittelalters, vor allem Boethius und Augustinus. Aber nicht nur Komponisten, die sich Aufschlüsse über neue Kompositions-techniken erhoffen mochten, enttäuscht Hindemith bewußt, sondern auch Musikliebhaber, deren Musikrepertoire sich primär auf das 19. Jahr-hundert stützt, da Hindemith das in seinen Erwägungen geradezu igno-riert. Die autonome Musik, die im 19. Jahrhundert Utopisches oder gar das Absolute überschwenglich imaginiert, möchte Hindemith dagegen nüchtern-pragmatisch an den Realitäten festgemacht sehen. Der Musik wird dabei schlechterdings nichts Originäres, nur ihr Eigenes oder Mög-liches mehr zugetraut: *Bewußte Musikwahrnehmung* stütze sich, führt Hindemith aus, in einer *geistigen Parallelkonstruktion*[177] auf bereits ge-machte musikalische Erfahrungen; die von Musik bewirkten *emotionellen Reaktionen* seien nur *Erinnerungen an wirkliche Gefühle*[178]; in der Tech-nik und im Stil einer Komposition seien Aufführungsräume, intellektuel-le Fähigkeit und Bereitschaft der Hörer konstitutiv einzukalkulieren.[179] Daß sich das oberste Postulat, unter das Hindemith das musikalische Schaffen gestellt sehen will – *denke nicht an dich selbst, frage immer nur, was kann ich dem Nächsten geben*[180] –, auch mit einer Musik erfüllen ließe, die sich wie Kompositionen des 19. Jahrhunderts eben nicht von den Realitäten einengen läßt, hat Hindemith nicht erwogen, obwohl doch offenbar auch gerade diese Musik in scheinbarer Ignoranz der Realitäten die Bedürfnisse der Musikverbraucher befriedigt.

Während diese Vorstellungen von jungen Komponisten nicht mehr auf-genommen worden sind, hat Hindemith in anderen Bereichen, etwa in seinem Plädoyer für eine historische Aufführungspraxis[181], die zukünfti-ge Musikpraxis geprägt. Besonders eindringlich ist jedoch Hindemiths Beobachtung einer gerade dem idealen Interpreten zuzusprechenden *Tragik* und *Melancholie*, die auffällig jener *Melancholie des Gelingens* entspricht, die er dem Spätwerk Bachs zuerkennt und die zumindest la-tente autobiographische Züge trägt: *Das Gefühl des Aufführenden, nie-mals für seine altruistischen Gaben auch nur die geringste Kompensation von ähnlichem moralischen Werte zu erhalten, muß zur Melancholie füh-ren.*[182] Die oft konstatierte Melancholie, die Hindemiths letztes Lebens-jahrzehnt kennzeichnet[183], ist also nicht die persönliche Melancholie ei-nes Musikers, der sich nicht mehr verstanden fühlt und resigniert, son-dern sie ist der Preis einer musikalischen Souveränität, die keine Wider-stände mehr kennt und sich selbstlos an den anderen verschwendet.

Melancholie des Vermögens

Die Erfolge auf den beiden Europareisen von 1947 und 1948/49 müssen Hindemith davon überzeugt haben, daß er als Vermittler seiner Werke in Europa auf unverstelltes Interesse stieß, denn als ihm im November 1949 der Lehrstuhl für Musikwissenschaft an der Universität Zürich angeboten wird, antwortet er spontan: *Hinge meine Entscheidung lediglich von persönlichen Neigungen ab, so sähen Sie mich in Kürze dort anreisen und den so herzlich angebotenen Lehrstuhl übernehmen. Zürich wäre für mich das ideale Operationsfeld, soweit meine europäischen Verbindungen in Frage kommen.*[184] Da der Aufgabenbereich ganz nach seinen Wünschen abgesteckt wird, nimmt er den Lehrstuhl in Zürich zum Oktober 1951 an. Zunächst versucht Hindemith, die Tätigkeiten in Zürich und New Haven (Yale) alternativ zu verbinden, doch gibt er 1953 Yale auf. Zugleich entfaltet er eine extensive Dirigententätigkeit, nachdem er seine Konzerte durch eine Agentur betreuen ließ, die von Walter Schulthess geleitet wurde. Die Dirigententätigkeit läßt ihn nicht nur seinen Zürcher Unterricht einschränken, sondern hindert ihn offenbar auch daran zu komponieren, ohne daß er sich dieses Sachverhaltes ganz bewußt gewesen zu sein scheint. «Dieser Tage», schreibt Gertrud Hindemith am 17. November 1952 an den Schott-Verlag, «kam wieder einmal der ‹Ruf› aus Berlin [an die Berliner Musikhochschule]. Schade, daß Paul ablehnen mußte. Er wurde jetzt 57 Jahre alt, hat Yale gekündigt zum Frühling und will 2 Jahre lang schreiben.» Indessen absorbiert die Konzerttätigkeit seine Zeit so sehr, daß er von nun an nur selten mehr als zwei Monate ohne Unterbrechung komponieren kann. Nachdem er vorübergehend in Glattfelden gewohnt hatte, bezieht er 1953 ein Haus in Blonay am Genfer See, dessen Adresse selbst guten Freunden verschwiegen wird. 1957 gibt er seine Zürcher Lehrtätigkeit ganz auf, gönnt sich aber keine Ruhe, sondern verlegt sich noch intensiver auf das Dirigieren.

Hindemith hat in den Jahren 1953 bis 1963 nicht nur in allen europäischen musikalischen Zentren wie Berlin (Berliner Philharmoniker), London oder Wien (Wiener Philharmoniker) dirigiert, sondern vor allem in England, Deutschland und Italien auch die Provinz betreut. Ausgedehnte Tourneen führten ihn durch Südamerika (1954) und Japan (1956, mit den

Wiener Philharmonikern). Seit 1959 bereiste er (bis auf 1962) alljährlich die USA.

Mit Vorliebe dirigierte Hindemith reguläre Symphoniekonzerte, während er Konzerte zu spektakulären Anlässen (wie etwa zur Eröffnung der Bayreuther Festspiele 1953 mit der von ihm dirigierten 9. Symphonie von Beethoven) oder vor einem «Festwochenpublikum» möglichst vermied und nur dann übernahm, wenn er etwa eine besondere Verbundenheit mit den Werken eines Komponisten bekunden wollte – wie beispielsweise mit seinem Franz Liszt gewidmeten Konzert vom Oktober 1961. Daß Hindemith bis auf den konzertant aufgeführten «Orfeo» von Monteverdi, kleinere Arbeiten von Milhaud und Honegger sowie seine eigenen Opern keine weiteren Opern dirigiert hat, hängt wohl nur damit zusammen, daß ihm solche Aufgaben nie angeboten worden sind; denn die Opern Verdis oder den «Boris Godunow» von Mussorgsky liebte er besonders.

Programme mit ausschließlich eigenen Werken vermied Hindemith; andererseits ist er nur selten dazu gekommen, Konzerte zu leiten, die überhaupt keine Werke von ihm enthielten. Er entwickelte eine Programmfolge, die in der Regel eine kurze Symphonie oder eine Ouvertüre vorsah, mit einem eigenen Werk fortgeführt wurde und mit einem gewichtigen, repräsentativen Werk aus dem 19. Jahrhundert endete. Schließt man von der Anzahl der Aufführungen der Werke auf Hindemiths Vorlieben, so muß vor allem Mozart genannt werden, aus dessen Schaffen er Werke aus allen ihm darstellbaren Bereichen ausgewählt hat. Zum 60. Geburtstag schenkte ihm Willy Strecker die Mozart-Gesamtausgabe: Er selbst sei leider *nicht so viel wert*, kommentierte Hindemith *nach gerechter Selbsteinschätzung (wie es früher in der Berliner Steuererklärung hieß)*.[185] Ähnlich umfassend setzte er sich für Reger ein; den 100. Psalm Regers suchte er durch zahlreiche Retuschen spielbarer zu machen. Aus dem Schaffen anderer Komponisten wählte Hindemith nur einzelne, hochgeschätzte Werke aus; genannt seien die C-Dur- und h-moll Suiten von Bach, Beethovens «Große Fuge» in einer Fassung für Streichorchester, die 6. Symphonie von Bruckner, Ouvertüren von Cherubini, die symphonische Dichtung «Orpheus» von Liszt, Mendelssohns «Schottische Symphonie», die 7. (9.) Symphonie von Schubert, die «Manfred-Ouvertüre» von Schumann sowie Hugo Wolffs «Italienische Serenade». Aus dem 20. Jahrhundert berücksichtigte er nur Werke von Bartók, Blacher, Berg (Kammerkonzert), Dallapiccola, Hartmann, Heiller, Honegger, Milhaud, Petrassi, Schönberg (Kammersymphonie op. 9), Schreker, Strawinsky und Webern (Symphonie op. 21). Ein Werk schließlich, das sich Hindemith wiederholt ansah und das ihn paradoxerweise zugleich angezogen und abgestoßen haben muß, war Schönbergs Oper «Moses und Aron». Hindemith hat demnach in seinen Konzerten einige Bereiche fast vollständig ausgespart: Neben Werken etwa von Tschaikowsky oder Dvořák auch weitgehend die von Brahms, Strauss und Mahler sowie Arbeiten

Wandmalereien Hindemiths in seinem Haus in Blonay

der französischen Impressionisten, also offenbar jene Werke, die das Repertoire der Konzerte beherrschten, bei denen er in seiner frühen Zeit als Konzertmeister in Frankfurt mitgespielt hatte.

Daneben bemühte sich Hindemith immer intensiver um Aufführungen alter Musik, die er nun aber mit jüngerer und jüngster Musik zu konfrontieren suchte. In einem Konzert am 23. September 1958 in Berlin mit der Uraufführung seines *Oktetts* (Hindemith übernahm den Part der zweiten Bratsche) etwa, wurden unter seiner Leitung neben *Des Todes Tod* auch Tänze von Attaignant, Monteverdis «Sestina» und Strawinskys «Kanta-

115

te» gespielt. Diese ältere Musik, die er auf historischen Instrumenten mitspielte, wollte er nicht länger in musealen Spezialveranstaltungen als Zeugen längst vergangener Musikkultur ausgestellt sehen; vielmehr sollte, im Sinne seiner Musikauffassung einer substantiellen Einheitlichkeit der abendländischen Musikentwicklung, eine Kontinuität fühlbar werden, ohne diese aber in eingreifenden Bearbeitungen oder in einem modernisierten Klangbild der alten Werke zu erschleichen. Er hat von Werken wie Monteverdis «Orfeo» und den «Canzones sacrae» von Giovanni Gabrieli Aufführungsmaterialien hergestellt, aus den «Livrès de Danceries» des Pierre d'Attaignant eine *Suite für kleines Orchester* eingerichtet und den Generalbaß in den von ihm aufgeführten Werken Bachs und Händels ausgesetzt.

Hindemith hat sich über die Gründe, die zu seiner späten Karriere als Dirigent geführt haben, ausgeschwiegen, und die authentischen Zeugnisse und Berichte verwirren sich zu einem unauflösbaren Knäuel. Aus finanziellen Gründen hatte Hindemith sich Ende der vierziger Jahre aufs Dirigieren verlegt. *Ich habe immerhin,* so klagt er am 19. März 1948 dem Schott-Verlag, *heute einen der besten Namen in der Musikwelt und bin vielleicht der meistaufgeführte Komponist überhaupt. Aber wenn man meine finanziellen Beziehungen zu meinen New Yorker und Londoner Verlegern ansieht, könnte man meinen, ich sei der mieseste Schuster, der herumläuft.* Doch schränkte Hindemith das Dirigieren nicht ein, als er spätestens seit Mitte der fünfziger Jahre recht gut nur von den Aufführungen seiner Werke leben konnte: Hindemith ist bis heute der meistaufgeführte moderne Komponist geblieben. Zweifellos brauchte Hindemith, der sich stets als Musiker fühlte, den ständigen Kontakt mit der erklingenden Musik und dem Publikum; eine geradezu besessene Musizierlust bildet eine der Konstanten seiner Entwicklung überhaupt. Als er die Möglichkeit erhielt, mit Orchestern zu arbeiten, hat er das ausgenützt. Diesen Motiven steht jedoch Hindemiths Einschätzung der Funktion eines Dirigenten entgegen; immerhin erkannte er im Dirigenten den Statthalter von verdrängten Machtgelüsten des Publikums.[186] Hindemith hat denn auch seine eigene, als Dirigent hervorgehobene Person auf Kosten der Interpretation zurückgenommen. Andres Briner berichtet: «Die Konzerte und Proben mit Hindemith, an denen der Schreibende (vor allem in den USA zwischen 1959 und 1963) selber teilnehmen konnte, nötigen ihm die Feststellung ab, daß in Hindemith ein potentiell großartiger, durch seine immense Kenntnis der musikalischen Materie prädestinierter Orchesterführer mit einem Musiker im Streit lag, dem die Einzel- und Vorzugsstellung des Orchesterleiters zuwider war und der sich deshalb oft zu Ungunsten der Musik von ihr zu entledigen versuchte. So gab es Proben, in denen der Kontakt mit den Musikern so leicht spielte, daß alle Anstände in schneller Verständigung gelöst werden konnten, und es gab andere, da Hindemith aus einem Spannungsmoment heraus nicht willens war (und nicht fähig schien), falsche Tempi zu korrigieren, einzelne Noten auszusetzen oder

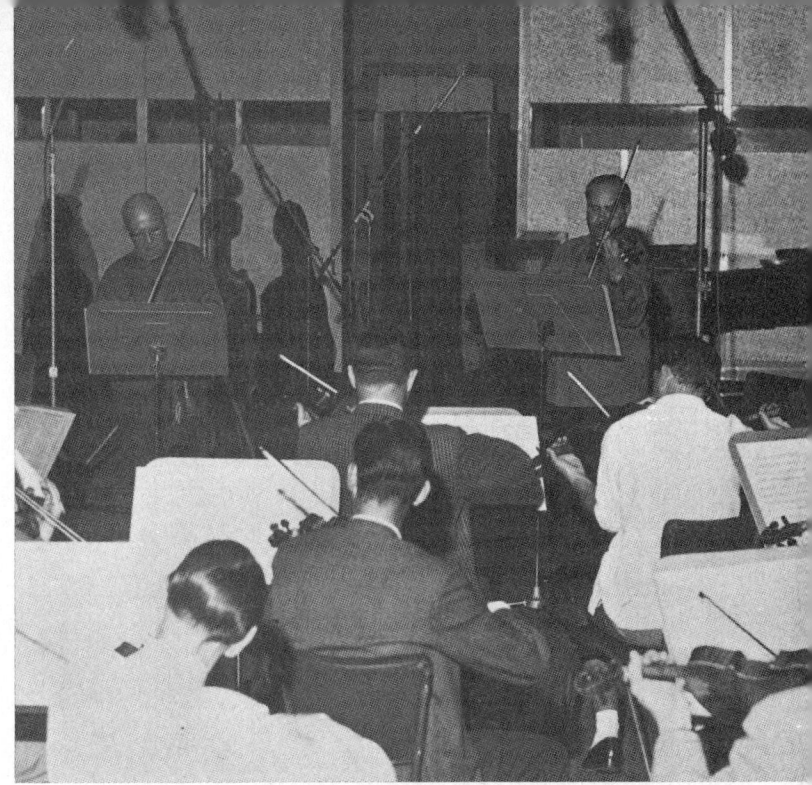

Hindemith und David Oistrach spielen im Studio

Tonhöhendifferenzen zu beanstanden, die das Mehrfache von dem aus-
machten, das er in den akustischen Übungen der ‹Unterweisung› in Be-
tracht gezogen hatte. Seine mit seinen immer lebendigen Bewegungen
kontrastierende Passivität als Leiter teilte dann unmißverständlich seinen
Wunsch mit, einer der vielen zu sein, die vor ihm saßen und die Musik aus
dem Notenblatt spielten.» [187]

Anfang der fünfziger Jahre glaubte Hindemith, durch eigene Aufführungen einen authentischen Interpretationsstil seiner Werke begründen
zu können, doch tritt diese Motivation immer mehr zurück; der Werkcharakter seiner symphonischen Werke bietet schließlich nichts Enigmati-
sches, das erst durch selbstgeleitete Aufführungen an Fremdheit verlöre.
Vielmehr hat sein interpretatorisches Engagement die Rezeption seiner
späten Werke eher behindert, zumal er nicht nur die Uraufführungen aller seiner seit Anfang der fünfziger Jahre komponierten größeren Werke
betreute, sondern sich diese für einen bestimmten Zeitraum reservieren

ließ. Arbeitete er mit dieser Maßnahme zwar dem ihm verhaßten Gerangel um Ur- und Erstaufführungen entgegen, so hat doch seine konzessionslose Haltung viele Dirigenten entmutigt: Wer mochte schon ein Werk nachdirigieren, das bereits durch den Komponisten, authentisch interpretiert, vorgestellt war? Analog hat sich Hindemith Schallplatten-Ersteinspielungen all der Werke, an denen er sich als Dirigent hätte beteiligen können, grundsätzlich vorbehalten; denn er fürchtete, eine seinen Absichten widersprechende Interpretation könnte eine falsche Aufführungstradition begründen. Die Neigung der Dirigenten und Firmen, Werke, die bereits in authentischen Einspielungen vorlagen, nachzuproduzieren, schrumpfte schnell auf ein Minimum.

Als treibende Kraft hinter seiner Karriere als Dirigent vermuten schließlich Freunde, die ihm in den zwanziger und dreißiger Jahren nahegestanden haben, seine Frau.[188] André de Chastonay, seit 1938 einer der engsten Bekannten der Hindemiths, meint: «Paul Hindemiths große Zurückhaltung ließ ihm die Rolle eines Orchesterleiters unerträglich erscheinen, ein Beruf, in dem man sich unbedingt in den Vordergrund drängen muß. Und doch hat er, um sich Gertruds Willen zu unterwerfen, in seinem Leben Hunderte von Konzerten in der ganzen Welt dirigiert.»[189]

Hindemith konzentriert sich aber seit den fünfziger Jahren auch als Komponist nicht auf die Produktion neuer Werke. Neben die Neukomposition tritt die zeitweise sogar überwiegende Beschäftigung mit seinen äl-

*Karikatur
von Dolbin*

teren Werken, aus ganz verschiedenen Motiven heraus. Einige seiner älteren Werke, die er nun erstmals publizieren läßt, entdeckt er 1952 unter den Materialien, die Gertrud Hindemith 1940 in der Schweiz deponiert hatte; er hatte sie in der Zwischenzeit vergessen. Während Werke wie *Des Todes Tod* (1922) ohne Abänderungen nun erstmals veröffentlicht werden, bearbeitet er andere wie das *Klarinettenquintett* op. 30 (1923) einschneidend. Zumindest ein Werk, das verschollene Lied op. 14 Nr. 2 (1919) «O, nun heb du an, dort in diesem Moor», hat Hindemith 1953 noch einmal herausgeschrieben; andere Werke wie die verschollene *Klaviersonate* op. 17 (1920) hat er dagegen nicht wieder nach den erhaltenen Skizzen rekonstruiert. In frühen Werken, die er dirigierte, nimmt er zum Teil formale Änderungen und Instrumentationsretuschen vor. Intensiv beteiligt sich Hindemith schließlich in seinen letzten Jahren durch neuerliches Korrekturenlesen an der Herstellung von Neuauflagen seiner Werke und trifft Vorbereitungen für eine etwaige Gesamtausgabe, indem er seine unveröffentlichten Werke auflistet, die Skizzen mit Kopftiteln versieht, den in frühen Jahren sorglos verschenkten autographen Partituren nachspürt oder mit detaillierten Angaben seine Werkverzeichnisse komplettiert. Gleichzeitig verfügt er, daß Werke wie die Erstfassung des *Marienlebens* zu seinen Lebzeiten zwar nicht mehr nachgedruckt werden sollen, doch in der Gesamtausgabe selbstverständlich zu veröffentlichen seien. Darüber hinaus verzeichnet er sorgfältig alle von ihm dirigierten Werke und hält auf Zetteln, die sich im Nachlaß fanden, sonst kaum mehr erreichbare Informationen aus seiner frühen Kindheit fest. Daß Hindemith mit diesen Arbeiten eine Autobiographie vorbereiten wollte, wie sie Strawinsky, Prokofiew oder Milhaud schrieben – Gertrud Hindemith deutet solch ein Projekt 1952 in einem Brief an den Schott-Verlag an [190] –, erscheint gleichwohl als unwahrscheinlich. In der 1955 erschienenen Publikation «Paul Hindemith. Zeugnis in Bildern», die Gertrud und Paul Hindemith nahezu vollständig besorgten, wählten sie eben die Form der wortlosen Dokumentation.

Die spektakulärsten Umarbeitungen erfuhren in den fünfziger Jahren die Opern *Cardillac* und *Neues vom Tage*. Als Hindemith 1948 eine Aufführung des *Cardillac* in Venedig sieht, schreibt er dem Verlag: *Vielleicht ändere ich demnächst den ganzen Cardillac um, Text und (teilweise) Musik. Ideen sind angelangt!!* [191] Tatsächlich ändert Hindemith vor allem das Libretto: Er setzt einerseits an der ungelösten Schuldfrage des mordenden Cardillac sowie des Volkes, das Cardillac ermordet, an und bemüht sich, das Libretto von den zeittypischen Expressionismen Lions freizuhalten. Andererseits steigert er den Kunstanspruch des Werkes, versucht, die Musik zu veredeln. Unmittelbar zusammengefaßt finden sich beide Tendenzen in dem einzig völlig neu geschriebenen Akt, einer kunstvoll gestalteten Oper in der Oper, dem weitgehend Lullys «Phaeton» zugrunde liegt. Nach der erfolgreichen Aufführung dieser Oper in der Oper

Hindemith mit seiner Frau Gertrud in Blonay

deutet deren Hauptdarstellerin die Momente an, von denen aus das Handeln Cardillacs einsehbar wird: *Ich mag nicht mehr. Wir wissen nur zu gut, wie die Kunst nach Brot geht, aber ich will sie nicht für Bettelbrot verkaufen. Ein dummer, dreister, fetter Narr soll nie ein Recht auf meinen Geist und Körper haben, weil er's zahlen kann.* Die von Cardillac gefertigte Krone, die sie als Geschenk eines Mäzens während der Aufführung der Lully-Oper trägt, gibt sie Cardillac zurück; ihre Worte *Die Krone kehrt heim zu dem, der sie erschuf* sind nahezu wörtlich ein Zitat aus der Erstfassung; mit ihnen rechtfertigt Cardillac sein Handeln beim Verhör durch das Volk.

Andererseits pointiert Hindemith die Ansprüche schärfer, die das Volk dem Künstler gegenüber erhebt: *Ihr redet gegen das Volk, dessen ihr doch ein Teil seid, und schmäht eure Kunst, die ihr nur der Gemeinschaft verdankt. Cardillac sei Vergebung, er vertraute seinem Recht,* singt nun die Menge, nachdem sie Cardillac erschlagen hat, *uns sei Vergebung, wir vertrauen unserem Recht. Wie das Recht uns zu leben erlaubt, so läßt das Recht and're sterben. Wer ist schuldig, wer rein? Wer hat recht, wer hat unrecht? Wer ist Schläger, wer Heiler? Wer Verbrecher, wer Richter? Ein*

Hindemith dirigiert das Publikum in einer Aufführung der Claudel-Kantate

jeder scheint beides zu sein. Recht ist, was unser Zusammensein beschirmt, ihm Sinn gibt.

Musikalisch erfuhren die Singstimmen die massivsten Abänderungen, aber nicht nur deshalb, weil sie dem neuen Text angepaßt werden mußten, sondern weil Hindemith sie grundsätzlich gesanglicher anlegt. Der begleitende Orchesterpart bleibt dagegen bis auf Instrumentationsretuschen unverändert. Hindemith hat also nicht wie im *Marienleben* den Tonsatz grundsätzlich umgestaltet, sondern nach der jeweiligen dramatischen Anlage dazukomponiert bzw. weggelassen.

Die Neufassung des *Cardillac* stieß während der Premiere am 20. Juni 1952 in Zürich nicht auf die Anerkennung, die Hindemith erhoffte und erwartete; und als er von einer sehr erfolgreichen Aufführung der Neufassung durch Georg Solti an der Frankfurter Oper 1953 erfährt, kommentiert er: *Immerhin, man tut dem Stück doch die Ehre an, es für ein vollwertiges Theaterbuch mit ebensolcher Musik zu bewerten, ohne sich klarzumachen, daß es da nicht mit rechten Dingen zuging: eigentlich kann man ja gar nicht einen fertigen Text wegoperieren und einer zum größten Teil fertigen*

Musik eine neue Handlung mit gänzlich anderen Worten unterlegen. Ein Beurteiler, der sich dieser Schwierigkeiten bewußt ist, hätte selbst mit einer nur mäßigen Lösung des Problems zufrieden sein müssen. Aber sowas erkennen die Brüder noch nicht einmal.[192] Doch ist das, was Hindemith hier als die Lösung eines technischen Problems beschreibt, von den Kritikern eher ästhetisch bewertet worden; vor der elementaren Wucht der Erstfassung, der zudem auch noch eine unverlierbare historische Bedeutung zugewachsen war, kann selbst die gelungene Lösung der von Hindemith beschriebenen Probleme nur schwer bestehen. *Wenn ich einem eigenen Werk, das mir ans Herz gewachsen ist, eine neue Fassung gebe,* resümiert Hindemith 1954 resignierend, *so sollte ich soviel Kredit haben, daß man die Änderungen ernst nimmt. Ich rede nicht vom Text, ich rede von der Musik. Wenn diese meinen Freunden aus der damaligen Zeit heraus etwas Besonderes bedeutet hat, so will ich, der sie ja geschrieben hat, es dankbar verstehen. Wenn ich aber heute nach einer sehr bewußten Weiterentwicklung ... eine Umformung vornehme, so sollte dies gerade meine Freunde nachdenklich machen. Ich habe aber den Eindruck, als ob ein großer Teil meiner ehemaligen Anhänger, vor allem aber diejenigen, die sich erstmalig mit der Oper «Cardillac» befassen, sich gar nicht die Mühe nähmen, die beiden Fassungen ernsthaft zu vergleichen, sondern mein eigenes damaliges Werk aus historischen Gründen gegen mich ausspielten. Ich bin sicher, daß ich aus künstlerischen Gründen am Ende mit der Neufassung recht behalten werde.*[193]

Die Neufassung der Oper *Neues vom Tage* hat Hindemith schon gegen den unverhohlenen Widerstand des Verlages ausgeführt: «Diese Neubearbeitungen haben ... starke Gegner, die die frühere Fassung bevorzugen, selbst wenn sie sie gar nicht mehr kennen», schreibt ihm Willy Strekker.[194] Immerhin beschränkt Hindemith seine Bearbeitung auf ein Minimum: Einerseits hat er das zeittypische Libretto Schiffers aktualisiert und andererseits die Singstimmen von ihren ursprünglich parodistisch gemeinten instrumentalen Melismen befreit. Er scheint nicht einmal eine definitive Neufassung vorgelegt zu haben, sondern hat die Oper immer wieder den Bedingungen weiterer Aufführungen angepaßt.

In den neukomponierten Werken schließt Hindemith zumindest in der auf Texte Claudels komponierten dreiteiligen Kantate *Ite angeli veloces* (1953–55) an alte eigene Praktiken an, indem er wieder ein mitsingendes Publikum einbezieht. Und mit der *Sonate für Baßtuba und Klavier* (1955) findet die Reihe der Sonaten für nahezu sämtliche Orchesterinstrumente mit Klavierbegleitung ihr Ende. Während Hindemith in der Besetzung dieser Sonate die Peripherie der ihm sinnvoll möglichen «Gebrauchsmusik» erreicht, um sie im anspruchsvollen Kunstcharakter des Werkes weit hinter sich zu lassen, schreibt er gleichzeitig an einem Werk, daß er zweifellos als sein Hauptwerk konzipierte: an der Kepler-Oper *Die Harmonie der Welt*. Bereits in der gleichnamigen Symphonie (1951), die Hindemith

1957

sechs Jahre vor der Oper vollendete, tragen die drei Sätze mit *Musica instrumentalis, Musica humana* und *Musica mundana* Satzüberschriften, die der Klassifikation der Musik bei Boëthius entstammen. *Die Titel der Sätze beziehen sich auf die bei den Alten oft anzutreffende Einteilung der Musik in drei Klassen und wollen damit auf all die früheren Versuche hinweisen, die Weltenharmonie zu erkennen und die Musik als ihr tönendes Gleichnis zu verstehen,* erläutert Hindemith in seiner Einführung in die Symphonie.[195]

Mit *Harmonie der Welt* ist die Regel benannt, die, von uns nicht erkannt, gleichwohl herrscht; Hindemith läßt Kepler danach trachten, durch all sein Tun das Bewußtsein von dieser Regel in die Welt hineinzutragen:

> *Muß ich nicht*
> *Die Denker, Künstler, Herrscher dieser Erde*
> *Ermahnen, in ihres Werks Bezirken*
> *Sich jenem Worte anzugleichen,*
> *Daß durch sie der Menschheit bewußt werde*
> *Die Harmonie der Welt.*

Doch erfährt Kepler in seinem äußeren Leben, das Hindemith in kontrastreichen, komplex und vielschichtig bis hin zu Simultanszenen angeordneten Bildern episch ausbreitet, hoffnungslose Disharmonie; «Disharmonie der Welt» wäre als Titel der Oper sogar adäquater.[196]
Resignierend bekennt Kepler:

> *Die große Harmonie, das ist der Tod.*
> *Absterben ist, sie zu bewirken, not –*
> *Im Leben hat sie keine Stätte.*

Und seine letzten Worte lauten:

> *Vergeblich – das wichtigste Wort am End,*
> *Das man als Wahrheit tiefinnerst erkennt.*

Disharmonie beherrscht auch das dramaturgisch mit dem Schluß der «Götterdämmerung» Wagners vergleichbare letzte Bild der Oper: In einer Simultanszene rühmen, dem irdischen Raum entrückt, die personifizierten Gestirne Keplers menschliches Trachten, während gleichzeitig Wallenstein ermordet wird. Hindemiths Musik hält unverlierbar Harmonie, Glück, Freiheit inmitten widrigster und entwürdigenster Umstände ideell fest; sie möchte sich der postulierten Harmonie anverwandeln, indem sie sich von den Tonbeziehungen beherrschen läßt, die in seiner Vorstellung an den allgemeinen Naturgesetzen teilhaben; sie führt also weniger romantisch zur Harmonie der Welt als einer Idee hin, als daß diese Idee vielmehr in all ihren Momenten bereits präsent sein möchte.

In diesem Zusammenhang gewinnt die in der Oper zitierte Volks- und Kunstmusik eine eigentümliche Gegenwärtigkeit. Andres Briner beobachtet, daß Hindemiths Musik die «einer Gegenwart eigene Zeitsphäre gern in diejenige einer anderen Gegenwart» schiebe, daß von jenem Zeitpunkt aus jeder andere, aber nicht linear, erreicht werden könne; die Musik sei eine Musik «ineinandergeschachtelter Zeitsphären».[197] Diese Beobachtung Briners gilt nicht nur für Hindemiths letzte Oper, den Einakter *Das lange Weihnachtsmahl* nach einem Libretto von Thornton Wilder (1960), in der mit dem alljährlichen Weihnachtsmahl die Geschichte der Familie Bayard durch 90 Jahre hindurch erzählt wird, oder für die Kantate *Mainzer Umzug* (1962) nach Carl Zuckmayer, welche die zweitausendjährige Geschichte von Mainz im Dialekt berichtet; sie gilt auch für Hindemiths letzte große Instrumentalmusik, die *Pittsburgh Symphony* (1958) und das *Orgelkonzert* (1962). In diesen Werken geht der musikalische Zusammenhang aus «ineinandergeschachtelten Zeitsphären» hervor, die sich äußerst vielschichtig bis hin zu einer teils latenten (*Orgelkonzert*), teils offenen (*Pittsburgh Symphony*) Programmatik aufeinander beziehen lassen.

In den drei Vokalwerken aus Hindemiths letzter Zeit, den fünfstimmigen *Madrigalen* nach Texten von Josef Weinheber (1958), der Reihe von dreizehn *Motetten* für Sopran und Klavier (1940–60) mit lateinischen Bibeltexten, die über das Leben Jesu bis hin zur Stillung des Sturms berichten, und vor allem in Hindemiths letztem Werk überhaupt, der *Messe für gemischten Chor a cappella* (1963) sind die Traditionen dieser Gattungen besonders intensiv präsent. *Ein Vokalstil muß gefunden werden, der sich grundsätzlich aller gesanglich-virtuosen Ausschläge, aller drastischen Konzertwirkungen, vor allem aber aller Instrumentalismen enthält*, erläutert Hindemith im Vorwort zu den *Madrigalen, damit schließen sich extreme Stimmlagen, individuelle Ausdrucksmanieren, Farbeffekte, eine ständig sprunghafte Melodik, die kleine Sekunde als harmonisches und die große Sept als melodisches Hauptmaterial aus; nichts darf geschrieben werden, das dem hingegebenen, nicht nach äußeren Wirkungen strebenden Miteinanderwirken einer Sängergruppe störend entgegenwirken könnte.*

Den theoretischen Hintergrund dieser letzten Werke, in denen Hindemith sich mit beispielloser Souveränität im chromatischen, aber stets noch tonal bezogenen Tonraum bewegt – die Werke können weder harmonisch noch melodisch mit den in der *Unterweisung* niedergelegten Gesetzen in Übereinstimmung gebracht werden –, hat Hindemith in seinem letzten Vortrag, den er auf der Tagung des «Ordens pour le mérite» am 28. Juni 1963 in Bonn unter dem Titel *Sterbende Gewässer* hielt, wenigstens angedeutet. Freilich ist die Wendung, die er seiner Theorie offenbar geben möchte, über der Polemik gegen die Zwölftonmusik und gegen die aus ihr abzuleitenden Techniken, die seiner Meinung zufolge das natürliche Tonsystem zu vergiften drohen wie der Industriemüll die Natur, vollständig verschüttet worden. In den Mittelpunkt seiner Ausführungen rückt Hindemith die Konzeption der *totalen Tonalität*, unter der er die Gesamtheit der in einem Werk *investierten Harmonien, der Ton- und Akkordverwandtschaften sowie ihrer Aufeinanderfolge*[198] versteht; *totale Tonalität* ist also das Resultat und nicht die Voraussetzung einer Komposition. Sie ist ein Darstellungsmittel, dessen sich der Komponist frei bedienen kann. Damit hat sie aber den Status, den auch Schönberg ihr zusprach. Die entscheidende Differenz ist jedoch, daß nach Schönberg die musikalischen Mittel den musikalischen Gedanken, die Totalität des individuellen Werkes zu artikulieren hätten, während Hindemith darauf beharrte, daß die Darstellungsmittel primär durch den Zweck, den eine Komposition stets erfüllen muß, auszuweisen seien. Hindemiths Polemik gegen die Dodekaphonie, wie sie Schönberg vertrat, mindert sich damit aber auf den Vorwurf, daß sie einerseits von vornherein bestimmte Akkordtypen und -folgen ausschließe, und zwar gerade die, die das unmittelbare Verstehen von Musik erleichtern helfen, und sich andererseits nicht auf einfachste Ausdrucksformen reduzieren lasse, mithin für bestimmte Zwecke, etwa für die Laienmusik, unbrauchbar sei; und eine Musikentwicklung, die sich auf eine Theorie beruft, in der bestimmte Bereiche des

Die letzte Aufnahme

musikalischen Materials und bestimmte Zwecke ausgeschlossen sind,
konnte er nur bekämpfen.

Nach seinem Bonner Vortrag fuhr Hindemith allein nach Straßburg,
wo er mit Tardieu wahrscheinlich über einen weiteren Einakter konferier-
te, der *Das lange Weihnachtsmahl* zu einem vollständigen Opernabend
komplettieren sollte. Von dort reiste er nach Blonay. Hier blieb er, von

Reisen in die nähere Umgebung und nach Dijon abgesehen, bis zum 28. September. In dieser Zeit schrieb er seine *Messe*. Weitere geplante Messen mit Instrumentalbegleitung und für Laiengesang blieben unausgeführt. Mit seiner Frau brach er am 29. September nach Italien auf, um in Palermo, Neapel, Perugia und Rom zu dirigieren. Da er bereits unterwegs erkrankt war, begab er sich sofort nach seiner Rückkehr in Blonay am 28. Oktober in ärztliche Behandlung. Gleichwohl fuhr er am 4. November nach Wien; er leitete am 9. (nachmittags) und am 10. (abends) November die Wiener Philharmoniker mit einem Programm, das Cherubinis «Abenceragen-Ouvertüre», sein *Orgelkonzert* (mit Anton Heiller als Solisten) und Regers «Hiller-Variationen» umfaßte. Am 6. bzw. 9. November besuchte er Aufführungen von Verdis «Troubadour» und Puccinis «Bohème» in der Wiener Staatsoper. Am 12. November dirigierte er nachmittags die beiden ersten Aufführungen seiner *Messe* in der Piaristenkirche. In Blonay traf er am 14. November ein; zwei Tage später, an seinem Geburtstag, erkrankte er wieder; am 23. November wurde er nach Frankfurt gebracht und am folgenden Tag ins dortige Marienkrankenhaus eingeliefert. Alle weiteren Konzerttermine werden jetzt abgesagt. Am 9. Dezember setzen Schlaganfälle ein; Paul Hindemith stirbt am späten Abend des 28. Dezember 1963.

Paul Hindemith

Anmerkungen

Unveröffentlichte Briefe, Aufsätze oder Erinnerungen werden in einer leicht modernisierten Schreibweise (ss = ß, ae = ä etc.) nach den Originalen oder Kopien zitiert, die das Hindemith-Institut, Frankfurt a. M., aufbewahrt.
Die in der Bibliographie verzeichnete Literatur wird mit einem Kurztitel zitiert.
HJb = Hindemith-Jahrbuch

1 Brief Rudolf Hindemiths an Frau Ronnefeldt, 11. Juni 1913
2 E. Westphal-Ronnefeldt: Die Hindemiths in der Steinlestr. 21, S. 1 (Typoskript)
3 Undatierter Brief, Pfingsten 1914
4 Skelton, Hindemith, S. 29
5 Rebner, HJb 1971/I, S. 144
6 Cahn, HJb 1972/II, S. 25 f
7 Brief Hindemiths an Dr. Weber, 27./28. Dezember 1913
8 Brief wie Anm. 7
9 Skelton, Hindemith, S. 30 f
10 Brief Hindemiths an Dr. Weber, Pfingstferien 1916
11 Brief wie Anm. 7
12 Brief wie Anm. 7
13 Brief wie Anm. 7
14 H. Rosbaud in: Das musikalische Selbstportrait. Hg. v. J. Müller-Marein. Hamburg 1963. S. 194
15 Brief wie Anm. 7
16 Cahn, HJb 1972/II, S. 33
17 Brief wie Anm. 7
18 Brief Hindemiths an Dr. Weber, 5. September 1915
19 Brief wie Anm. 10
20 H. Hock, Ein Leben mit der Geige, Frankfurt a. M. o. J. [1950]. S. 100 f
21 Rast los wie besessen, in: Frankfurter Allgemeine Zeitung, 16. November 1970, Nr. 266
22 Eintragungen in Hindemiths Taschenkalender 1918 vom 27. bzw. 5. Mai
23 Zit. nach: Paul Hindemith. Zeugnis in Bildern, S. 8
24 Brief vom 21. März 1918 an Frau Ronnefeldt; zit. n. HJb 1972/II, S. 200
25 Willms, Paul Hindemith, S. 86 f
26 Undatierter Brief von 1919
27 Rebner, HJb 1971/I, S. 145
28 September 1922, zit. nach HJb 1972/II, S. 206

29 Jenseits von Musikalisch und Unmusikalisch in: Jb. der Frankfurter Städtischen Bühnen. Hg. v. G. J. Plottke. Bd. I. Frankfurt a. M. 1919. S. 357 f
30 Ebd., S. 359
31 Ebd., S. 363
32 Brief vom 22. März 1920
33 Brief vom 8. November 1919 an den Schott-Verlag
34 Zit. nach Cahn, HJb 1972/II, S. 33
35 Faksimile dieser Kritik Alfred Heuß' in: Paul Hindemith. Zeugnis in Bildern, S. 19
36 Brief an Hindemith, 9. April 1920
37 Brief an den Schott-Verlag, 11. April 1920
38 Neue Musik-Zeitung 42 (1921), S. 321
39 Neue Musik-Zeitung 43 (1922), S. 329
40 Strobel, Paul Hindemith, ³1948, S. 10 f
41 E. F. Flindell, Dokumente aus der Sammlung Paul Wittgenstein in: Die Musikforschung 24 (1971), S. 425 f
42 F. Schramm, Man wird ja einmal nur geboren. Erinnerungen eines Altfrankfurters, Frankfurt a. M. 1971 (Privatdruck). S. 16 f
43 Skelton, Hindemith, S. 78
44 Neumeyer, HJb 1977/VI, S. 29 f
45 Neue Musik-Zeitung 44 (1923), S. 308
46 Cahn, HJb 1976/V, S. 25
47 In: Das musikalische Selbstportrait (vgl. Anm. 14), S. 262
48 Zit. nach A. Haefeli, Die Geschichte der «Internationalen Gesellschaft für Neue Musik», Diss. Zürich 1975. S. 49
49 V. Scherliess, Alban Berg, Reinbek 1975. S. 100 f
50 Musikgeschichte, die ich miterlebte, Berlin 1955. S. 122
51 Programmheft Deutsche Kammermusik Baden-Baden 1927, S. 20
52 Brief vom 5. Januar 1927 an O. E. Suttner
53 H. H. Stuckenschmidt, Schönberg, Zürich 1974. S. 283
54 D. Brennecke, Das Lebenswerk Max Buttings, Leipzig 1973. S. 74
55 H. Fladt in: Hanns Eisler, Berlin 1975, S. 94
56 H. Burkhard in: Programmheft Deutsche Kammermusik Baden-Baden 1927, S. 20
57 Ebd.
58 Zit. nach Hindemiths Werkverzeichnis
59 Brief vom 11. November 1921
60 Brief an den Schott-Verlag, 4. Juni 1925
61 Brief an den Schott-Verlag, 21. Mai 1922
62 Brief an den Schott-Verlag, 31. September 1923
63 Brief an den Schott-Verlag, 25. Januar 1924
64 Brief an den Schott-Verlag, 13. Februar 1924
65 Brief an den Schott-Verlag, 26. Juni 1925
66 Brief an den Schott-Verlag, 4. April 1924
67 Brief des Schott-Verlags an Hindemith, 28. Januar 1925
68 Brief an den Schott-Verlag, 13. September 1926
69 H. Eisler: Musik und Politik. Leipzig 1973. S. 56
70 Ebd., S. 81
71 Ebd., S. 154

72 Ebd., S. 56
73 H. D. Schaefer in: Die deutsche Literatur in der Weimarer Republik. Hg. v. W. Rothe. Stuttgart 1974. S. 359
74 H. Mersmann, Die Tonsprache der neuen Musik. Mainz 1928, S. 9
75 Das Instrumentalkonzert. Leipzig 1932. S. 587
76 R. Dumesnil, La Musique en France entre les deux guerres 1919–1939. Paris 1946. S. 42 f
77 Th. W. Adorno, Impromptus. Frankfurt a. M. 1968, S. 81
78 H. Mersmann, Die Moderne Musik. Potsdam o. J. S. 206
79 Brief an den Schott-Verlag, 15. Juli 1923
80 Brief an den Schott-Verlag, 31. September 1923
81 Frankfurter Zeitung, 23. August 1923
82 Organische und mechanische Musik, Berlin 1928. S. 67
83 Ideologie und Utopie, Frankfurt a. M. ⁴1965. S. 220
84 Brief an den Schott-Verlag, 16. März 1925
85 Ausgewählte Schriften. Frankfurt a. M. 1975. S. 29 f
86 Th. W. Adorno, Impromptus. Frankfurt a. M. 1968. S. 82
87 L. Kestenberg, Bewegte Zeiten. Wolfenbüttel 1961, S. 72
88 H. H. Stuckenschmidt, Neue Musik. Berlin 1951. S. 244
89 Sannemüller, Der «Plöner Musiktag», S. 9 f
90 Berlin 1928
91 H. H. Stuckenschmidt, Neue Musik. Berlin 1951. S. 245
92 Brief vom 7. Oktober 1923 (frdl. Hinweis v. Antony Beamant)
93 ... alles hörbar machen. Briefe eines Dirigenten. Berlin 1976. S. 118
94 Gespräche mit Klemperer. Hg. v. P. Heyworth. Frankfurt a. M. 1974. S. 110
95 Brief an den Schott-Verlag, 26. November 1922
96 H. H. Stuckenschmidt, Die Musik eines halben Jahrhunderts. München 1976. S. 39
97 Die Entgötterung der Musik. Berlin 1928. S. 17
98 In: Die Weltwoche, 8. Februar 1952
99 E. Erfurth in: Stuttgarter Zeitung, 16. November 1970
100 Hundert Jahre zwischen Glanz und Muße, in: Frankfurter Allgemeine Zeitung, 4. Oktober 1969, Nr. 230
101 Aus: *Aufsätze für ein Handbuch der Musik*, 1933/35 (Typoskript)
102 *Komponist in seiner Welt*, S. 84
103 Im Studio bei Hindemith. In: Beilage zum Filmkurier, 20. März 1930, Nr. 10
104 G. Schünemann, Produktive Kräfte der mechanischen Musik, in: Die Musik 24 (1931/32), S. 246
105 Brief an Fritz Jöde, 12. Oktober 1926, zit. nach Sannemüller, Der «Plöner Musiktag», S. 93
106 Brief an Hindemith, 12. Februar 1927
107 Zit. nach Sannemüller, Der «Plöner Musiktag», S. 14 mit Anm. 6
108 *Forderungen an den Laien*, S. 8
109 Aus: *Aufsätze für ein Handbuch der Musik* (vgl. Anm. 101)
110 D. Kneupp, Musik der 20er Jahre in: Weimarer Republik, Berlin 1977, S. 538 f
111 Programmheft Deutsche Kammermusik Baden-Baden 1927, S. 22
112 Programmheft Deutsche Kammermusik Baden-Baden 1927, S. 13
113 Zit. nach Brechts Modell der Lehrstücke. Hg. v. R. Steinweg. Frankfurt a. M. 1976. S. 39 f

114 Ebd., S. 32
115 Ebd., S. 38
116 Ebd., S. 39
117 Musik und Gesellschaft 1 (1930), S. 62
118 Zit. nach Brechts Modell, S. 59
119 Auf Anregung Bertolt Brechts. Hg. v. R. Steinweg. Frankfurt a. M. 1978. S. 8
120 J. Knopf, Bertolt Brecht. Ein kritischer Forschungsbericht. Frankfurt a. M. 1974. S. 91 f
121 Vgl. Brechts Modell, S. 34
122 Brief Hindemiths an den Schott-Verlag, 1. Januar 1930
123 G. Benn, Gesammelte Werke, Bd. 7. München 1975. S. 1663
124 Zit. nach Briner, Paul Hindemith. S. 310
125 Brief vom 2. März 1931 an den Schott-Verlag, zit. n. G. Benn. Briefwechsel mit Paul Hindemith. S. 95
126 Haase, Paul Hindemiths harmonikale Quellen. S. 11
127 Brief vom 14. Januar 1933
128 Brief vom 20. Januar 1933
129 Brief vom 23. Januar 1933
130 Brief vom 26. Januar 1933
131 Brief vom 5. April 1933
132 Brief vom 15. April 1933
133 Brief an Hindemith vom 5. August 1935
134 Brief vom 4. August 1933
135 Die Musik 26 (1934), S. 418
136 Brief Gertrud Hindemiths an den Schott-Verlag, 28. Oktober 1936
137 Musik und Politik, Leipzig 1973. S. 258 f
138 Brief vom 17. April 1937
139 Brief vom 18. April 1937
140 Brief vom 27. April 1937
141 Autographer Entwurf aus dem Nachlaß
142 Wie Anm. 141
143 Beilage zum Brief vom 21. September 1937 an den Schott-Verlag
144 Brief an den Schott-Verlag, 2. Oktober 1938
145 *Unterweisung im Tonsatz. I. Theoretischer Teil*, [2]1940. S. 23
146 *Unterweisung*, S. 78
147 *Unterweisung*, S. 80
148 *Unterweisung*, S. 129
149 *Unterweisung*, S. 144
150 *Unterweisung*, S. 173
151 *Unterweisung*, S. 142
152 *Unterweisung*, S. 228
153 Beilage zu einem Brief an den Schott-Verlag im August 1937
154 Brief an Gertrud Hindemith, 24. Januar 1938
155 Brief an den Schott-Verlag, 20. September 1938
156 Brief an Gertrud Hindemith, 11. März 1938
157 Zit. nach Dokumente zu Hegels Entwicklung. Hg. v. J. Hofmeister. Stuttgart 1936. S. 337
158 Brief an Gertrud Hindemith, 27. März 1939
159 Brief wie Anm. 158

160 Brief wie Anm. 158
161 Brief an die AMP, 11. Dezember 1939
162 Brief wie Anm. 161
163 Brief vom 27. Februar 1940
164 Brief vom 12. April 1940
165 Brief vom 3. März 1940
166 Brief an den Schott-Verlag, 16. Februar 1941
167 Brief an Gertrud Hindemith, 7. März 1940
168 Brief an den Schott-Verlag, 27. September 1941
169 Brief vom 31. Juli 1946
170 Brief vom 1. Oktober 1946
171 K. Stockhausen, Texte zur Musik 1970–77. Köln 1978. S. 590
172 Brief vom 14. Juli 1949
173 Brief vom 19. Juli 1949
174 *Marienleben*-Vorwort, S. X
175 Das neue Marienleben, S. 75
176 *Komponist in seiner Welt*. Zürich 1959. S. 40
177 Ebd., S. 35
178 Ebd., S. 59
179 Ebd., S. 139 f
180 Ebd., S. 265
181 Ebd., S. 206
182 Ebd., S. 179
183 Rubeli, Hindemith in Zürich, S. 23
184 Brief an H. Straumann, 30. November 1949
185 Brief an den Schott-Verlag, 22. November 1955
186 *Komponist in seiner Welt*, S. 171 f
187 Briner, Paul Hindemith, S. 257 f
188 Cahn, HJb 1976/V, S. 165 f
189 Documentation (1938–1966) concernant Paul et Gertrud Hindemith, S. 18 (Typoskript)
190 Brief vom 16. Dezember 1952
191 Brief vom 7. November 1948
192 Brief an den Schott-Verlag, 6. April 1953
193 Zit. nach Rubeli, Hindemith in Zürich, S. 22
194 Brief vom 16. November 1953
195 Faksimile dieser Einführung in: Paul Hindemith. Zeugnis in Bildern, S. 80
196 Briner, HJb 1971/I, S. 40
197 Neue Zürcher Zeitung, 30. Juli 1978
198 *Sterbende Gewässer*, in: Orden pour le mérite. Reden und Gedenkworte, Bd. 6, 1963/64, Heidelberg o. J., S. 63 f
199 Neue Blätter für Kunst und Literatur 2 (1919/20), S. 33
200 Paul Hindemith in: Die Musik 16 (1924), S. 581
201 Briefe, Mainz 1958, S. 117
202 Briefe und Tagebücher, München 1958, S. 202
203 Trösterin Musica, München 1942, S. 430
204 Musik und Politik, Leipzig 1973, S. 258
205 Briefe Bd. 2. Budapest 1973. S. 123 f
206 R. Kostelanetz, John Cage. Köln 1973. S. 96

207 Cl. Rostand, Gespräche mit Milhaud. Hamburg o. J. S. 63
208 C. Orff in: Orden pour le mérite. Reden und Gedenkworte, Bd. 6, 1963/64,
     Heidelberg o. J., S. 137
209 Impromptus, Frankfurt a. M. 1968, S. 86
210 Hindemith: Kommt seine Zeit (wieder)? in: HJb 1973/III, S. 136
211 Aus Gesprächen, Leipzig o. J. [1974]. S. 191

Zeittafel

1895	Geboren am 16. November in Hanau
1899–1902	Bei den Großeltern in Naumburg an der Queis
1902–1905	Musikunterricht in Mühlheim am Main durch den Vater und Eugen Reinhardt; Reisen mit den Geschwistern durch Dörfer der Schlesischen Heimat des Vaters als «Frankfurter Kindertrio»
1907	Geigenschüler Anna Hegners in Frankfurt
1908	Geigenschüler Adolf Rebners. Ab Wintersemester 1908 Studium an Dr. Hochs Konservatorium in Frankfurt; zahlreiche autodidaktische Kompositionsversuche
1912–1913	Kompositionsschüler Arnold Mendelssohns
1913	Kompositionsunterricht bei Bernhard Sekles. Sommerferien: Geiger in Kurkapellen auf dem Bürgenstock (Schweiz) und in Lugano. Ab Dezember Konzertmeister im Frankfurter «Neuen Theater»
1914	Mitglied des Rebner-Quartetts; *Andante und Scherzo für Klarinette, Horn und Klavier* op. 1
1915	Spielt öffentlich das Beethoven-Violinkonzert. Konzertmeister im Opernhausorchester Frankfurt; der Vater fällt im September in Flandern
1917	Der Verlag Breitkopf & Härtel publiziert die *Drei Stücke für Cello und Klavier* op. 8
1918	Regimentsmusiker im Elsaß und in Flandern; *Quartett* op. 10, Sonaten op. 11 Nr. 1 und Nr. 2
1919	2. Juni: Kompositionsabend in Frankfurt; der Schott-Verlag übernimmt Werke Hindemiths
1921	Uraufführung des *Quartetts* op. 16 während der «Donaueschinger Kammermusik-Aufführungen zur Förderung zeitgenössischer Tonkunst»; Theater-Skandal um die Aufführung der Einakter *Mörder, Hoffnung der Frauen* und *Das Nusch-Nuschi* in Stuttgart. Filmmusik *In Sturm und Eis*
1922	Gründung des Amar-Quartetts mit Hindemith als Bratscher; Scherchen leitet die Uraufführungen der *Kammermusik Nr. 1* und der *Jungen Magd* in Donaueschingen. Konzerte der «Gemeinschaft für Musik» in Frankfurt.
1923	Aufgabe der Konzertmeister-Stelle in Frankfurt; feste Bindung an den Schott-Verlag. Mitglied des Programmausschusses der Donaueschinger Kammermusiktage. Beginn extensiver Konzertreisen des Quartetts durch Europa. *Das Marienleben* op. 27

1924	Hindemith heiratet Gertrud Rottenberg
1925	*Kammermusik Nr. 3* und *Nr. 4; 3 Anekdoten für Radio*
1926	*Cardillac* op. 39; Kontakte zur Musikantengilde
1927	Fortführung der Donaueschinger Kammermusiktage in Baden-Baden als «Deutsche Kammermusik». Ruf an die Hochschule für Musik in Berlin; Dezember: erste Reise in die UdSSR
1928–1929	Zunehmende Tätigkeit als Solist; zweite Reise in die UdSSR
1929	22. April: letztes Konzert des Amar-Quartetts mit Hindemith; Zusammenarbeit mit Weill und Brecht. Gründung eines Streichtrios
1930	Weiterführung der Baden-Badener Veranstaltungen als «Neue Musik Berlin». Zerwürfnis mit Brecht und Eisler. *Konzertmusik für Streichorchester und Blechbläser* op. 50
1930	Unterricht an der Volkshochschule in Berlin-Neukölln
1931	Oratorium *Das Unaufhörliche*, Text: Gottfried Benn
1933	Hindemiths Werke verschwinden als «kulturbolschewistisch» aus den Konzertprogrammen in Deutschland; November: Hochschulkonzert in Berlin auf alten Instrumenten
1934	12. März: Uraufführung der Symphonie *Mathis der Maler* durch Furtwängler; November: Furtwängler publiziert den Artikel «Der Fall Hindemith», auf den Goebbels in einer Berliner Sportpalast-Rede antwortet
1935	Hindemith läßt sich von der Berliner Musikhochschule beurlauben. April-Mai: 1. Türkei-Reise. Oper *Mathis der Maler*; Bratschenkonzert *Der Schwanendreher*
1936	März-Mai: 2. Türkei-Reise; Aufführungsverbot in Deutschland. Kompositionsbeginn der Reihe von Sonaten für alle gebräuchlichen Orchesterinstrumente; Überarbeitung des *Marienlebens*
1937	Februar und September bis November: 3. und 4. Türkei-Reise; März-April: Tournee durch die USA (Ostküste). Zusammenarbeit mit Massine. *Unterweisung im Tonsatz. I. Theoretischer Teil*
1938	Februar-April: In den USA; Uraufführung der Oper *Mathis der Maler*. September: Übersiedlung nach Bluche (Schweiz). Ballett *Nobilissima Visione*
1939	Januar-April: Tournee durch die USA (auch Westküste)
1940	Februar: Emigration in die USA; Ruf an die Yale University in New Haven. September: Gertrud Hindemith trifft in New York ein
1941	Sommerkursus beim Birkshire-Festival mit alter Musik
1942	*Ludus tonalis* für Klavier
1945	*Klavierkonzert*
1945–1953	Konzerte des Collegium musicum der Yale University mit Werken von Perotinus bis Bach
1946	Amerikanische Staatsbürgerschaft; Juni-August: Konzerte in Mexiko. Requiem nach einem Text Walt Whitmans
1947	April-September: Europa-Reise. Wiedersehen mit der Mutter und den Streckers
1948	Neufassung des *Marienlebens* beendet
1948–1949	Juli-März: Europa-Reise
1949	Januar-Februar: Vortragsreise durch Deutschland im Auftrag der amerikanischen Militärregierung; Dr. h. c. der Universität Frankfurt.

	Tod der Mutter
1949–1950	Vorlesungen auf dem Lehrstuhl für Poetik der Harvard University
1950	September: Hamburger Bach-Rede. Dr. h. c. der FU Berlin
1951	Bach-Preis der Stadt Hamburg
1951–1953	Versuch, die Lehrtätigkeit in Zürich und Yale alternativ zu verbinden
1952	*Cardillac* (Neufassung); Harvard-Vorlesungen erscheinen als *A Composer's World* (deutsch 1959). Mitglied des Ordens Pour le mérite
1953	April: Abschied von New Haven; September: Einzug in Blonay (Schweiz)
1953–1963	Zahlreiche Konzertreisen als Dirigent
1954	Juli-November: Südamerika-Tournee; Dr. h. c. der Oxford University
1955	Sibelius-Preis
1956	April-Mai: Japan-Tournee
1957	Hindemith gibt die Zürcher Lehrtätigkeit auf; letzte Kurse u. a. über Schönbergs Streichquartette. Oper *Die Harmonie der Welt*
1958	Tod Willy Streckers. *Oktett*; Weinheber-Madrigale. Kunstpreis des Landes Nordrhein-Westfalen
1959	Januar: Uraufführung der *Pittsburgh Symphony* in Pittsburgh; September: Amnesie während einer Konzertprobe in Oslo
1960	Einakter *Das lange Weihnachtsmahl*
1962	*Orgelkonzert*
1963	Vortrag *Sterbende Gewässer* in Bonn. Balzan-Preis. *Messe für gemischten Chor a cappella*. Hindemith stirbt am 28. Dezember in Frankfurt
1967	13. März: Tod Gertrud Hindemiths
1968	Konstituierung einer Hindemith-Stiftung
1974	Eröffnung des Paul-Hindemith-Instituts in Frankfurt
1975	Der erste Band der Hindemith-Gesamtausgabe erscheint

Zeugnisse

Bernhard Sekles
Paul Hindemith ist ein Sohn des Volkes. Schon in sein Kinderzimmer
blickt der Ernst des Lebens. Einer gesunden Natur schadet das nicht. Was
ihm an Sonne entging, das empfing er an Kraft, an dem unschätzbaren
Vermögen der Unerbittlichkeit gegen sich selbst.

1919[199]

Adolf Weissmann
Seine Phantasie ist frei und duldet keinen Zwang. Er hat den Trieb, die
Verbindung der Volks- und Höhenkunst zu schaffen. Ohne irgend etwas
von den Eroberungen der neuen Musik aufzugeben, verläßt er doch den
Urboden nicht. Das ist seine Stärke. Das ist die neue Richtung, zu der er
sich bekennt. Hindemith ist der Typ des unbürgerlichen Menschen.

1924[200]

Arnold Schönberg
Ich ... bitte Sie, auch Hindemith zu sagen, daß ich mich außerordentlich
über ihn freue. Er gibt damit ein schönes Zeichen von richtiger Einstellung gegenüber Älteren, ein Zeichen, wie es nur ein Mensch von echtem
und berechtigtem Selbstgefühl geben kann; der nicht nötig hat, für seinen
Ruhm zu fürchten, wenn ein anderer geehrt wird, und der richtig erkennt,
daß eben solche Ehrung ihn ehrt, wenn er sich ihr verbündet.

1924[201]

Oskar Schlemmer
Warum Hindemith? Weil hier ein «recht aus der Imagination und der Mystik unserer Seele» schaffender Musiker einen Stoff vorfand, der ihm Gelegenheit gibt, vom Heiter-Grotesken bis zum Pathetischen sich zu erge-
hen, und der (wenn einer, so er) sein Handwerk Musik derart beherrscht,
daß ihm spielend, absichtslos eine seelische Vertiefung gelingt, die alles,
was er angreift, notwendigerweise bedeutend macht.

1926[202]

Alexander Berrsche
Ein naiver Musiker wäre nie so ganz in die Gefangenschaft eines Prinzips geraten; er hätte hin und wieder, aus Übermut oder menschlicher Schwäche, einige Dreiklangsfolgen geschrieben. Aber wie eng, kleinlich und freudlos, wie «zielbewußt» doktrinär ist diese Hindemithsche Musik, die man bei jedem Schritt mit ihrer Kette rasseln hört! Ist ihr Autor nicht eigentlich nur der Rheinberger von links? Ich glaube, daß unsere Enkel ihn so sehen werden.

1927[203]

Hanns Eisler
Hindemith entfernte sich von der Anschauung, daß man Musik mache, um eben Musik zu machen, sondern schrieb Musik für bestimmte praktische Zwecke. Er war also einer der wenigen, die begriffen, daß der Stil und die Technik des Musizierens durch Zwecke bestimmt werden.

1935[204]

Béla Bartók
Mit Hindemith verbindet mich ein sehr freundschaftliches Verhältnis, auch schätze ich ihn sehr.

1935[205]

John Cage
Eine der zutiefst bewegenden Erfahrungen, die wir diesen Frühling machten, ist Piatigorskys und Hindemiths Konzert für Violoncello und Orchester zu danken ... Es handelt sich um ein Konzert, bei dem der Solist nicht bloß seine Virtuosität entfaltet, sondern um eines, in dem die musikalischen Beziehungen auch Beziehungen zwischen den Menschen sind. Besonders klar wird dies im letzten Satz, wo das Orchester sich martialisch aufspielt, während das Cello für sich bleibt und abseits, poetisch, und nicht marschiert, da es nun einmal einen anderen Standpunkt vertritt. Das Cello behauptet den Standpunkt des Individuums mit wachsender Intensität, und dies bis zum letztmöglichen Augenblick. Danach erscheint es klar, daß zwischen Wahnsinn und Anpassung zu wählen ist.

1942[206]

Darius Milhaud
Ja, ich bewundere Hindemith ... Paul ist ein weiser Mann, ein großer Meister, ein Denker, der sich erfolgreich auf allen Gebieten betätigt hat (sogar auf dem so heiklen der ‹Laienmusik›).

1952[207]

Carl Orff
Hindemith stand ganz in seiner Zeit, er wußte um die Zeit, er stellte sich
ihr wie kaum ein anderer. Er blieb keine Antwort schuldig, er entzog sich
keinem Anruf. Er wurde von ihr mitgeformt und getragen, bis er zuletzt,
der Zeit gleichsam entwachsend, in größter Souveränität ihr seinen Stem-
pel aufdrückte.

1964[208]

Theodor W. Adorno
Seine einzige und allgegenwärtige Sprache war Musik, zu ihr wurde alles
in seinen Händen. Das umschreibt das Außerordentliche der Anlage und
das Verhängnis. Absolut gesetzt, hatte seine Musikalität sich spezialisten-
haft abgespalten von der Kraft der Subjektivität. Diese verkümmerte.
Ihrer bedarf aber jenes Ansichsein der Musik, in dem Subjektivität glücklich erlischt.

1968[209]

Glenn Gould
Wie spätere Generationen auch immer urteilen werden, sie müssen sich
vor Augen halten, daß sie es mit einem begnadeten Komponisten zu tun
haben, der in vielfältiger Weise die damalige stilistische Problematik ver-
körperte, der aber in seinem Bestreben, seine Theorie zu belegen und zu
verbreiten, gelegentlich zuließ, daß jene Prioritäten ihm den Blick für das
Ziel verstellten, zu dem er sich so oft bekannt hatte und das bei richtiger
Verfolgung als die wahre Verbindung von Ekstase und Vernunft gelten
muß: Harmonie.

1973[210]

Paul Dessau
Er ist ein großer Komponist. Man muß ja nicht alle großen Komponisten
mögen, wie man ja auch nicht alle großen Maler mögen kann.

1974[211]

Werkverzeichnis

Die Werke sind bis auf *Drei Stücke für Cello und Klavier* op. 8 (Breitkopf & Härtel) im Verlag B. Schott's Söhne, Mainz, erschienen. Seit 1975 erscheint im selben Verlag eine Gesamtausgabe der Werke Hindemiths, hg. v. Kurt v. Fischer und Ludwig Finscher

A) Kompositionen

I. Bühnenwerke

a) Opern, szenische Versuche

Mörder, Hoffnung der Frauen op. 12 (Kokoschka, 1919), *Das Nusch-Nuschi* op. 20 (Blei, 1920), *Sancta Susanna* op. 21 (Stramm, 1921), *Cardillac* op. 39 (Lion, 1925–26), *Cardillac*, Neufassung (Hindemith, 1951–52), *Hin und zurück* op. 45a (Schiffer, 1927), *Neues vom Tage* (Schiffer, 1928–29), *Neues vom Tage*, Neufassung (Hindemith, 1953–54/60), *Lehrstück* (Brecht, 1929), *Der Lindberghflug* (mit Weill, Brecht, 1929), *Mathis der Maler* (Hindemith, 1934–35), *Die Harmonie der Welt* (Hindemith, 1956–57), *Das lange Weihnachtsmahl* (Wilder, 1960)

b) Ballette

Der Dämon op. 28 (1922, daraus auch eine Suite), *Nobilissima Visione* (1938, auch für großes Orchester; daraus eine Suite), *Die vier Temperamente* (1940), *Hérodiade* (1944)

II. Orchesterwerke

Lustige Sinfonietta op. 4 (1916), *Ragtime (wohltemperiert)* (1921), *Konzert für Orchester* op. 38 (1925), Ouvertüre *Neues vom Tage* (1930), *Philharmonisches Konzert* (1932), Symphonie *Mathis der Maler* (1933–34), *Symphonische Tänze* (1937), *Symphonie in Es* (1940), *Symphonische Metamorphosen über Themen von Carl Maria von Weber* (1940–43), Ouvertüre *Amor und Psyche (Farnesia)* (1943), *Symphonia serena* (1946), *Sinfonietta in E* (1949–50), *Symphonie in B* für Blasorchester (1951), Symphonie *Die Harmonie der Welt* (1951), *Pittsburgh Symphony* (1958), *Marsch über den alten «Schweizerton»* (1960)

III. Konzerte

a) Solokonzerte

Cellokonzert op. 3 (1915), *Klaviermusik (Klavier: linke Hand) mit Orchester* op. 29 (1923), *Der Schwanendreher* für Bratsche und Orchester (1935), *Trauermusik* für Bratsche und Streichorchester (1936), *Violinkonzert* (1939), *Cellokonzert* (1940), *Klavierkonzert* (1945), *Klarinettenkonzert* (1947), *Hornkonzert* (1949), *Konzert für Holzbläser, Harfe und Orchester* (1949), *Konzert für Trompete, Fagott und Streichorchester* (1949), *Orgelkonzert* (1962)

b) Konzertante Kammermusiken

Kammermusik Nr. 1 für kleines Orchester op. 24a (1922), *Nr. 2* op. 36 Nr. 1 (Klavierkonzert, 1924), *Nr. 3* op. 36 Nr. 2 (Cellokonzert, 1925), *Nr. 4* op. 36 Nr. 3 (Violinkonzert, 1925), *Nr. 5* op. 36 Nr. 4 (Bratschenkonzert, 1927), *Nr. 6* op. 46 Nr. 1 (Viola d'amore-Konzert, 1927/30, 2 Fassungen), *Nr. 7* op. 46 Nr. 2 (Orgelkonzert, 1927)

c) Konzertmusiken

Konzertmusik für Blasorchester op. 41 (1926), *Konzertmusik für Bratsche und größeres Kammerorchester* op. 48 (1929–30, 2 Fassungen), *Konzertmusik für Klavier, Blechbläser und Harfen* op. 49 (1930), *Konzertmusik für Streichorchester und Blechbläser* op. 50 (1930)

IV. Kammermusik

a) Bläserkammermusik

Sonate für 10 Instrumente (1917), *Oktett* (1957–58), *Septett* (1948), *Kleine Kammermusik* für 5 Bläser op. 24b (1922), *Klarinettenquintett* op. 30 (1923, Neufassung 1954), *3 Anekdoten für Radio* (3 Stücke für 5 Instrumente) (1925), *Quartett* für Klarinette, Violine, Cello und Klavier (1938), *Sonate* für 4 Hörner (1952), *Andante und Scherzo* für Klarinette, Horn und Klavier op. 1 (1914), *Trio* für Bratsche, Heckelphon und Klavier op. 47 (1929), *Kanonische Sonatine* für 2 Flöten op. 31 Nr. 3 (1923), *8 Stücke* für Flöte solo (1927), Sonaten mit Klavierbegleitung für Flöte (1936), Oboe (1938), Fagott (1938), Klarinette (1939), Horn (1939), Trompete (1939), Englischhorn (1941), Posaune (1941), Althorn (1943), Baßtuba (1955), *Echo* für Flöte und Klavier (1942)

b) Streicherkammermusik

Klavierquintett op. 7 (1916–17), 7 Streichquartette (op. 2, 1915; op. 10, 1918; op. 16, 1920; op. 22, 1921; op. 32, 1923; in Es, 1943; in Es, 1945), 2 Streichtrios (op. 34, 1924; 1933), *Duett* für Bratsche und Cello (1934), Solosonaten für Violine (op. 11 Nr. 6, 1917; op. 31 Nr. 1, 1924; op. 31 Nr. 2, 1924), Bratsche (op. 11 Nr. 5, 1919; op. 25. Nr. 1, 1922; op. 31 Nr. 4, 1923; 1937), Cello (op. 25 Nr. 3, 1923), Sonaten mit Klavierbegleitung für Violine (op. 11 Nr. 1, 1918; op. 11 Nr. 2, 1918; in E, 1935; in C, 1939), Bratsche (op. 11 Nr. 4, 1919; op. 25 Nr. 4, 1922; 1939), Viola d'amore (op. 25 Nr. 2, 1922), Cello (op. 11 Nr. 3, 1919/20, 2 Fassungen; 1948), Kontrabaß (1949), *Drei Stücke* (op. 8, 1917) sowie *Variationen über A frog he went a courting* (1941) für Cello und Klavier

142

c) Klaviermusik

In einer Nacht op. 15 (1919), *Sonate* op. 17 (1920), *Tanzstücke* op. 19 (1919–20), *Suite 1922* op. 26 (1922), *Klaviermusik* op. 37 (I: *Übung in drei Stücken*, 1925; II: *Reihe kleiner Stücke*, 1926), 3 Sonaten (alle 1936), *Ludus tonalis* (1942) für Klavier; Walzer *Drei wunderschöne Mädchen im Schwarzwald* op. 6 (1916), *Sonate* (1938) für Klavier 4hdg; *Sonate* für 2 Klaviere (1942)

d) Orgel- und Harfenwerke

2 Stücke (1918) und 3 Sonaten (1937; 1937; 1940) für Orgel; Sonate für Harfe (1939)

V. Lieder

a) Lieder mit Klavierbegleitung

7 frühe Lieder (vor 1914), *7 Lustige Lieder in Aargauer Mundart* op. 5 (1915), 2 Lieder (Lasker-Schüler, Gezelle, 1917), *3 Walt Whitman Hymnen* op. 14 (1919), 8 Lieder op. 18 (1920), *Das Marienleben* op. 27 (Rilke, 1922–23; Neufassung 1936–48), je 4 Lieder nach Claudius, Rückert, Hölderlin und Novalis (1933), 3 Lieder nach Busch (1933), je 4 Lieder nach Silesius und Hölderlin (1935), Lieder nach Brentano und Keller (1936), 3 Lieder nach Nietzsche (1939), 13 *Motetten* (1940–60), 31 Lieder (1942–44), 2 Lieder nach Cox (1955)

b) Sologesänge mit Instrumenten

Wie es wär, wenns anders wär für Sopran, Flöte, Oboe, Fagott, 2 Violinen, Bratsche und 2 Celli (v. Miris, 1918), *Melancholie* für Mezzo-Sopran und Streichquartett op. 13 (Morgenstern, 1917–1919), *Des Todes Tod* für Alt, 2 Bratschen und 2 Celli op. 23 Nr. 1 (Reinacher, 1922), *Die junge Magd* für Alt, Flöte, Klarinette und Streichquartett op. 23 Nr. 2 (Trakl, 1922), *Die Serenaden* für Sopran, Oboe, Bratsche und Cello op. 35 (1924)

c) Sologesänge mit Orchester

3 Gesänge für Sopran und Orchester op. 9 (Lasker-Schüler, Lotz, 1917), 6 Lieder aus *Das Marienleben* (1938/59)

VI. Chorwerke

a) Chorwerke a cappella

Lieder nach alten Texten op. 33 (1923–25, teilweise Neufassung 1937–38), *Six Chanson* (Rilke, 1939), *12 Madrigale* (Weinheber, 1958), *Messe* (1963) für gemischten Chor, *Über das Frühjahr* (Brecht, 1929), *Eine lichte Mitternacht* (Whitman, 1929), *Du mußt dir alles geben, Fürst Kraft, Vision des Mannes* (Benn, 1930), *Der Tod* (Hölderlin, 1931), 3 Chöre (1939), *Erster Schnee* (Keller, 1939), *Variationen über ein altes Tanzlied* (1939), *The Demon of the Gibbet* (1949) für Männerchor

b) Chorwerke mit Orchester

Oratorium *Das Unaufhörliche* für Sopran, Tenor, Bariton, Baß, gemischten Chor,

Knabenchor und Orchester (Benn, 1931), Requiem «for those we love» *When Lilacs Last in the Door-yard Bloom'd* für Mezzo-Sopran, Bariton, gemischten Chor und Orchester (Whitman, 1946), *Apparebit repentina dies* für gemischten Chor und 10 Blechbläser (1947), Kantate in drei Teilen *Ite, angeli veloces* für Alt, Tenor, gemischten Chor, Volksgesang, Orchester und Blasorchester (Claudel): I *Chant de triomphe du roi David* (1955), II *Custos quid de nocte* (1955), III *Cantique de l'espérance* (1953), Kantate *Mainzer Umzug* für Sopran, Tenor, Bariton, gemischten Chor und Orchester (Zuckmayer, 1962)

VII. Sing- und Spielmusik, Übungsstücke und Etüden (Auswahl)

Spielmusik für Streichorchester, Flöten und Oboen op. 43 Nr. 1 (1927), *Lieder für Singkreise* op. 43 Nr. 2 (1927); *Schulwerk für Instrumental-Zusammenspiel* op. 44 (1927): I *9 Stücke in der ersten Lage für 2 Geigen* (auch chorisch), II *8 Kanons für 2 Geigen mit begleitender 3. Geige oder Bratsche* (auch chorisch), III *8 Stücke für 2 Violinen, Bratsche, Cello, Kontrabaß* (auch chorisch), IV *5 Stücke für Streichorchester; Sing- und Spielmusik für Liebhaber und Musikfreunde* op. 45 (1928–29): I *Kantate Frau Musica zum Singen und Spielen* für Mezzo-Sopran, Bariton, gemischte Stimmen und Streichorchester (Neufassung 1943), II *8 Kanons für 2 Singstimmen mit Instrumenten*, III *Ein Jäger aus Kurpfalz*, Spielmusik für Streicher und Bläser, IV *Kleine Klaviermusik*, V *Martinslied* für einstimmigen Gesang und 3 Instrumente; *Plöner Musiktag*: A *Morgenmusik*, B *Tafelmusik*, C *Kantate Mahnung an die Jugend, sich der Musik zu befleißigen*, D *Abendkonzert* (1932)

Weihnachtsmärchen *Tuttifäntchen* (1922, daraus auch eine Suite für Kammerorchester), Spiel für Kinder *Wir bauen eine Stadt* (Seitz, 1930), Hörspiel *Sabinchen* (1930), *Übungen für Geiger* (1926), *2 kanonische Duette* (1929) und *14 leichte Stücke* (1931) für 2 Geigen

3 leichte Stücke (1938) und *Kleine Sonate* für Cello und Klavier (1942), *4 Stücke* für Cello und Fagott (1942), *Triosatz* für 3 Gitarren (1930), *Konzertstück* für 2 Saxophone (1933), *9 kleine Lieder für ein amerikanisches Schulliederbuch* (1938)

VIII. Varia

a) Filmmusiken

In Sturm und Eis (Fank, 1921), *Felix der Kater im Zirkus* (1927), *Vormittagsspuk* (Richter, 1928), Musiken zu Fischinger-Filmen (1931)

b) Trautonium-Kompositionen

4 Stücke für 3 Trautonien (1930), *Konzertstück* für Trautonium und Streichorchester (1931), *Langsames Stück und Rondo* für Trautonium (1935)

c) Musik für mechanische Instrumente

Toccata für mechanisches Klavier op. 40 Nr. 1 (1926), *Das triadische Ballett* für mechanische Orgel op. 40 Nr. 2 (1926, daraus auch eine *Suite für mechanische Orgel*)

d) Grammophonplatten-eigene Musik (musique concrète)
1 Schallplatte mit Xylophone, 1 Schallplatte mit Gesang (1930)

e) Unterhaltungsmusik (Auswahl)
Colombo-Intermezzo, *Gouda-Emmental*-Marsch, *Lyonel*-Foxtrott, *Young Lorch Fellow*-Rag (alle 1920), *Bobby's Wahn-step* (1922), *Tipopo*-Marsch (1924), 2 Shimmies (1924)

f) Parodiestücke
Das atonale Kabarett (1921), *Musik zum Genossenschaftsfest «Einfuhrmesse in Timbuktu»* (1922), *Repertorium für Militärorchester Minimax* (1923) und *Ouvertüre zum «Fliegenden Holländer», wie sie eine schlechte Kurkapelle morgens um 7 am Brunnen vom Blatt spielt* (etwa 1927) für Streichquartett, *Das Blumengärtlein* für Klarinette und Kontrabaß (etwa 1927)

g) Arbeiten im Kompositionsunterricht
As donkeys bray and robins sing für Frauenchor und Orchester (1940), 2 Fugen und Sonatensatz für Klavier (1940), *Old Irish Air* für gemischten Chor, Harfe und Streichorchester (1941), *Passacaglia* für Streichtrio (1941), Lied mit Klavierbegleitung (1941), *Agnus Dei* und *Dona nobis* für dreistimmigen Männerchor (1941), *Enthusiasm* für Flöte und Bratsche (1941)

h) Gelegenheitskanons
etwa 30 Kanons (1928–63)

i) Bearbeitungen
Monteverdi: Orfeo (1943). Reger: 100. Psalm (1955); Attaignant: Suite französischer Tänze (vor 1958)
Generalbaß-Aussetzungen zu Werken von Bach, Händel, Biber, Stamitz, Rust, Ariosti, Vivaldi, Petzold, Ganswindt
Kadenzen zu Violin- und Klavierkonzerten Mozarts
Anmerkung: Die Opus-Zahl 42 hat Hindemith ausgespart.

B) Schriften

I. Bücher

Vorschläge für den Aufbau des türkischen Musiklebens, 1936/37
Unterweisung im Tonsatz. I. Theoretischer Teil, Mainz 1937, 2. erw. Aufl. 1940; *II. Übungsbuch für den zweistimmigen Satz*, Mainz 1939 (I. und II. auch in Englisch, Italienisch, Rumänisch); *III. Der dreistimmige Satz*, Mainz 1970 (aus dem Nachlaß herausgegeben)
A Concentrated Course in Traditional Harmony, 2 Bände, New York 1943 und 1948 (auch in Deutsch, Italienisch, Japanisch, Hebräisch, Spanisch und Norwegisch)
Elementary Training for Musicians, New York 1946 (auch in Deutsch)

A Composer's World. Horizons and Limitations, Cambridge 1952 (auch in Deutsch)

J. S. Bach. Ein verpflichtendes Erbe, Mainz 1950 und Wiesbaden 1953 (= Insel-Bücherei Nr. 575) (auch in Englisch)

Sterbende Gewässer, Heidelberg 1963 (auch in Russisch)

II. Aufsätze (Auswahl)

Zur mechanischen Musik. In: Programmheft Deutsche Kammermusik Baden-Baden 1927

Wie soll der ideale Chorsatz der Gegenwart oder besser der nächsten Zukunft beschaffen sein? (1927). In: A. Briner: Paul Hindemith. Zürich 1971, S. 307 ff

Über Musikkritik. In: Melos 8 (1929)

Forderungen an den Laien. In: Musik und Gesellschaft 1 (1930)

Aufsätze für ein Handbuch der Musik, 1933/35 (Typoskript)

Über die Viola d'amore (1937). In: Hindemith-Jb 1974/IV

Gedenkworte für Wilhelm Furtwängler. In: Neue Zeitschrift für Musik 116 (1955)

Hören und Verstehen ungewohnter Musik (1955). In: Hindemith-Jb 1973/III

III. Briefe

Jugendbriefe von Paul Hindemith aus den Jahren 1916–19. In: Hindemith-Jb 1972/II

R. Haase: Paul Hindemiths harmonikale Quellen. Wien 1973 (Briefwechsel mit H. Kayser)

Gottfried Benn. Briefe. Briefwechsel mit Paul Hindemith. Hg. v. A. C. Fehn, Wiesbaden 1978

Paul Hindemiths erste Reise in die USA im Jahre 1937 – Seine Briefe an Gertrud Hindemith. In: Hindemith-Jb 1978/VII

Bibliographie

Paul Hindemith. Zeugnis in Bildern. Mainz 1955

Paul Hindemith. Die letzten Jahre. Ein Zeugnis in Bildern. Mainz 1965

E. WESTPHAL: Paul Hindemith. Eine Bibliographie. Köln 1957

H. RÖSNER: Paul Hindemith. Katalog seiner Werke, Diskographie, Bibliographie, Einführung in das Schaffen. Frankfurt a. M. 1970

E. KRAUS: Bibliographie Paul Hindemith. In: Musik und Bildung 3 (1971)

Paul Hindemith als Dirigent und Solist im Rundfunk. Hg. v. K. NEUMANN. Frankfurt a. M. 1965

Hindemith-Jahrbuch. Hg. v. Paul-Hindemith-Institut. Mainz 1971 ff (Jg. 1971, 1973 und 1978 mit Bibliographien)

Sonder-Heft Paul Hindemith: Musikrevy 26 (1971) Nr. 1

Sonder-Heft Paul Hindemith: Revue musicale de Suisse romande 26 (1973) Nr. 2

In memoriam Paul Hindemith (1895–1963). In: Perspectives of New Music 2 (1963/64)

Erinnerungen an Paul Hindemith. In: Opernwelt 5 (1964)

TH. W. ADORNO: Ad vocem Hindemith. In: Impromptus. Frankfurt a. M. 1968

W. AUSTIN: Hindemith's «Frau Musica». The Versions of 1928 and 1943 compared. In: Essays on Music in Honor of A. Th. Davison. Cambridge Mass. 1957

P. BEKKER: Hindemith. In: Musikblätter des Anbruch 7 (1925)

V. M. BELJAEV: Paul Hindemith. Moskau 1927

H. BENNWITZ: Die Donaueschinger Kammermusiktage von 1921 bis 1926. Diss. Freiburg i. B. 1961

H. BOATWRIGHT: Hindemith as a Teacher. In: Musical Quaterly 50 (1964)

R. BOBBIT: Hindemith's Twelfe-Tone Scale. In: Music Review 26 (1965)

S. BORRIS: Hindemiths harmonische Analysen. In: Festschrift M. Schneider. Leipzig 1955

Paul Hindemith. In: Stilporträts der Neuen Musik. Berlin 1961

Hindemiths posthum fertiggestelltes Lehrsystem. In: Musik und Bildung 2 (1970)

D. BRENNECKE: Paul Hindemith ein Antipode Arnold Schönbergs. Dokumente und Kommentare. In: Arbeitshefte, hg. v. der Akademie der Künste. Berlin (Ost) 1973

W. BRENNECKE: Die Metamorphosen-Werke von Richard Strauss und Paul Hindemith. In: H. Albrecht in memoriam. Kassel 1962

A. BRINER: Pittsburgh Symphony. In: Melos 26 (1959)

Eine Bekenntnisoper Paul Hindemith's. In: Schweiz. Musikzeitung 99 (1959)

Paul Hindemith. Zürich 1971

Die erste Textfassung von Paul Hindemiths Oper «Die Harmonie der Welt». In: Festschrift L. Strecker. Mainz 1973

Die Entstehungsgeschichte der «Nobilissima Visione». In: Schweiz. Musikzeitung 118 (1978)

A. G. Browne: Paul Hindemith and the Neo-classic Music. In: Music and Letters 12 (1931)

N. Cazden: Hindemith and Nature. In: Journal of the American Musicological Society 7 (1954)

E. Doflein: Die sechs Streichquartette von Paul Hindemith. In: Schweiz. Musikzeitung 95 (1955)

J. Dorfmann: Thematic Organisations in the String Quartetts of Paul Hindemith. In: Orbis Musicae Nr. 6, 1978

P. Evans: Hindemith's Keyboard Music. In: The Musical Times 97 (1956)

A. Cl. Fehn: Change and Permanence. Gottfried Benn's Text for Paul Hindemith's Oratorio Das Unaufhörliche. Bern 1977

K. v. Fischer: Paul Hindemith – Musica humana. In: Schweiz. Musikzeitung 105 (1966)

Cl. Gottwald: Hindemiths Messe. In: Melos 32 (1965)

S. Günther: «Sancta Susanna» op. 21. In: Melos 4 (1924)

W. Gurlitt: Paul Hindemith. In: Musikgeschichte und Gegenwart. Wiesbaden 1966

H. W. Henze: Das neue Marienleben. In: Melos 18 (1949)

W. Br. Hilse: Factors Making Coherence in the Works of Paul Hindemith, 1919–26. Diss. Columbia Univ. 1971

W. Hymanson: Hindemith's Variations. In: Music Review 13 (1952)

E. R. Jacobi: Paul Hindemith als Pädagoge. In: Schweizer Monatshefte 55 (1966)

I. Kemp: Hindemith. London 1970
Hindemith's «Cardillac». In: Musical Times 111 (1970)

P. Kleemann: Das Kompositionsprinzip Paul Hindemiths und sein Verhältnis zur Atonalität. In: Gedenkschrift H. Albert. Halle 1928

G. Kleinen: Zu Hindemiths Tonleiterversuch. In: Die Musikforschung 18 (1965)

W. Kolneder: Hindemiths Streichquartett Nr. 5 in Es. In: Schweiz. Musikzeitung 90 (1950)

V. Landau: Paul Hindemith, a Case Study in Theory and Practice. In: Music Review 21 (1960)

J.-H. Lederer: Zu Hindemiths Idee einer Rhythmen- und Formenlehre. In: Die Musikforschung 29 (1976)

W.-E. v. Lewinski: Hindemiths mittlere Schaffensepoche. In: Musik wieder gefragt. Hamburg 1967

F. Lion: Cardillac I und II. In: Akzente 4 (1957)

L. Magnani: Magister barbarus. In: Le frontiere della musica. Mailand 1957

C. Mason: Hindemiths Kammermusik. In: Melos 24 (1957)

H. Mersmann: Paul Hindemith. In: Kontrapunkte Bd. 7. Rodenkirchen 1964

G. Metz: Melodische Polyphonie in der Zwölftonordnung. Studien zum Kontrapunkt Paul Hindemiths. Baden-Baden 1976

Fr. Neumann: Ludus tonalis, Fuga nona in B. In: Zeitschrift für Musiktheorie 8 (1977)

D. Neumeyer: Counterpoint and Pitch Structure in the Early Music of Hindemith. Diss. Yale Univ. 1976

L. Pestalozza: Le «Kammermusiken» di Hindemith. In: Rassengna musicale 28 (1958)

A. Plebe: L'estetica musicale di Hindemith. In: Rivista musicale di estetica 4 (1959)

H. F. Redlich: Paul Hindemith: A Re-assessment. In: Music Review 25 (1964)

Fr. Reizenstein: Paul Hindemith. In: Essays on Music. London 1967

Erprobungen und Erfahrungen. Zu Paul Hindemiths Schaffen in den zwanziger Jahren. Hg. v. D. Rexroth. Frankfurt 1978

A. Rubeli: Paul Hindemith und Zürich = 153. Neujahrsblatt der Allgemeinen Musikgesellschaft Zürich. Zürich 1969

Paul Hindemiths A Cappella-Werke. Frankfurt 1975

E. Salzmann: Hindemith and Gebrauchsmusik. In: 20th-Cent. Music. Englewood Cliffs 1967

G. Sannemüller: Der «Plöner Musiktag» von Paul Hindemith. Neumünster 1976

Hindemith als Musikpädagoge. In: Zeitschrift für Musikpädagogik 8 (1977)

L. Saguer: «Ludus tonalis» de Paul Hindemith. In: Contrepoints 4 (1946)

H. L. Schilling: Paul Hindemiths Cardillac. Beiträge zu einem Vergleich der beiden Opernfassungen. Würzburg 1962

Hindemiths Passacagliathema in den beiden Marienleben. In: Archiv für Musikwissenschaft 11 (1954)

L. Schrade: Hindemith in der Neuen Welt. In: Melos 22 (1955)

G. Schubert: Zu einigen Spätwerken Hindemiths. In: Melos/Neue Zeitschrift für Musik 3 (1977)

Kontext und Bedeutung der «Konzertmusiken» Hindemiths. In: Hamburger Jb. für Musikwissenschaft, Bd. 4, Hamburg 1980

W. Schuh: Paul Hindemith – Thornton Wilder: «Das lange Weihnachtsmahl». In: Schweiz. Musikzeitung 102 (1962)

G. Skelton: Paul Hindemith. The Man behind the Music. London 1975

R. Stephan: Hindemiths «Marienleben». In: Music Review 15 (1954)

H. Straumann: Die Berufung Hindemiths an die Universität Zürich. In: Schweiz. Musikzeitung 106 (1966)

H. Strobel: Paul Hindemith. Mainz 1928, ³1948

P. Sulzer: Zehn Komponisten um Werner Reinhard, Band II. Winterthur 1980

J. P. Thilmann: Zu Hindemiths Motetten. In: Musica 28 (1974)

W. Thomson: Hindemith's Contribution of Music Theory. In: Journal of Music Theory 9 (1965)

H. Tischler: Remarks on Hindemiths Contrapunctal Technique. In: Festschrift W. Apel. Bloomington 1968

Fr. Willms: Paul Hindemith. In: Von Neuer Musik. Köln 1925

Führer zur Oper Cardillac von Paul Hindemith. Mainz 1926

Fr. Wöhlke: «Mathis der Maler» von Paul Hindemith. Berlin 1965

E. Zwink: Paul Hindemiths «Unterweisung im Tonsatz» als Konsequenz seiner Kompositionstechnik. Göppingen 1974

Zur Ableitung der Reihe 1 in Hindemiths «Unterweisung im Tonsatz». In: Die Musikforschung 29 (1976)

Nachtrag zur Bibliographie

Briefe Hindemiths:

Paul Hindemith. Briefe. Hg. v. D. REXROTH. Frankfurt a. M. 1982
P. SULZER: Zehn Komponisten um Werner Reinhart. 3 Bände. Winterthur
1979–1983 [Briefwechsel mit Werner Reinhart]
Briefe an Volkmar Andreae. Hg. v. M. ENGELER. Zürich 1986

Bücher über Hindemith, die seit 1981 erschienen sind:

A. BRINER, D. REXROTH u. G. SCHUBERT: Paul Hindemith. Leben und Werk in
Bild und Text. Mainz 1988
ST. HINTON: The Idea of Gebrauchsmusik. New York 1989
A. LAUBENTHAL: Paul Hindemiths Einakter-Triptychon. Tutzing 1986
D. NEUMEYER: The Music of Paul Hindemith. New Haven 1986
L. NOSS: Paul Hindemith in the United States. Urbana 1989
E. PREUSSNER: Paul Hindemith. Ein Lebensbild. Innsbruck 1984
FR.-G. RÖSSLER: Paul Hindemith, Messe. München 1985
FR. STRELLER: Paul Hindemith für Sie portraitiert. Leipzig 1985
C. ZIMMERMANN-KALYONCU: Deutsche Musiker in der Türkei im 20. Jahrhundert.
Frankfurt a. M. 1985

Aufsätze:

R. GERLACH: Hindemiths Kompositionen für eine Singstimme und Instrumente.
In: Festschrift K.M. Komma. Laaber 1989
H. KOHLHASE: Außermusikalische Tendenzen im Frühschaffen Paul Hindemiths.
Versuch über die Kammermusik No. 1 mit Finale 1921. In: Hamburger Jahrbuch
für Musikwissenschaft Band 6, 1985
Hindemiths Konzertmusik für Solobratsche und größeres Kammerorchester op.
48. Anmerkungen zur Entstehung, Ästhetik und Rezeption. In: Jahrbuch der
Internationalen Viola-Gesellschaft 1985/86
G. METZ: Das Weber-Zitat in Hindemiths Pittsburgh Symphony. In: Archiv für
Musikwissenschaft 42 (1985)
Die Pittsburgh Symphony von Paul Hindemith. In: Melos 47 (1985)
Paul Hindemiths Spätwerk (1957–1963). In: Universitas 49 (1986)
D. NEUMEYER: Tonal Form and Proportional Design in Hindemith's Music. In:
Music Theory Spectrum 9 (1987)
Hindemiths Auseinandersetzung mit der Reihentechnik. In: Musiktheorie 2
(1987)
G. SCHUBERT: Hindemiths Bearbeitungen eigener und fremder Werke. Ein Über-
blick. In: Schweizer Jahrbuch für Musikwissenschaft. Neue Folge 3, 1983
Hindemith als Bratscher. In: Das Orchester 32 (1984)
Arabella und Mundharmonikaorchester. Zu Hindemiths Spätwerk. In: Musica
39 (1985)
Paul Hindemith: Theorie und Praxis. In: Musik und Theorie. Mainz 1987
M. ZIMMERMANN: Harmlosigkeit und Melancholie bei Christian Morgenstern und
Paul Hindemith. In: Das musikalische Kunstwerk. Festschrift Carl Dahlhaus.
Laaber 1988

150

Diskographie

Im Folgenden werden nur die von Hindemith selbst eingespielten eigenen Werke verzeichnet. Der größte Teil dieser Aufnahmen ist gegenwärtig nicht erhältlich; möglichst geschlossene Wiederveröffentlichungen wären dringend erwünscht und anzuraten.

a) Hindemith als Bratscher

Sonate für Bratsche solo op. 25 Nr. 1 (Columbia)
Duo für Bratsche und Cello (mit E. Feuermann) (Columbia)
Die Serenaden: Duo für Bratsche und Cello (mit R. Hindemith) (DGG)
Sonate für Bratsche und Klavier (1939) (RCA)
Streichtrio op. 34, 1. und 3. Satz (DGG)
Streichtrio (1933) (Columbia)
Streichquartett op. 22 (DGG)
Der Schwanendreher (1935) (RCA)
Trauermusik (1936) (RCA)

b) Hindemith als Pianist

Sonate für Klavier zu 4 Händen (RCA)

c) Hindemith als Dirigent

Kammermusik Nr. 1 (Contemporary Records)
Kammermusik Nr. 3 (Contemporary Records)
Konzert für Orchester op. 38 (DGG)
Konzertmusik für Klavier, Blechbläser und 2 Harfen op. 49 (DGG)
Konzertmusik für Streichorchester und Blechbläser op. 50 (Columbia)
Philharmonisches Konzert (1932) (Capitol)
Symphonie *Mathis der Maler* (Telefunken; DGG)
Symphonische Tänze (DGG)
Suite *Nobilissima Visione* (Columbia)
Violinkonzert (1939) (Decca)

Die vier Temperamente (DGG)
Symphonische Metamorphosen über Themen von Carl Maria von Weber (DGG)
Ouvertüre *Amor und Psyche (Farnesia)* (DGG)
Requiem *Als Flieder jüngst* (Columbia)
Symphonia serena (Columbia)
Apparebit repentina dies (Capitol)
Klarinettenkonzert (Columbia)
Hornkonzert (Columbia)
Symphonie in B für Blasorchester (Columbia)
Symphonie *Die Harmonie der Welt* (DGG)

Namenregister

Die kursiv gesetzten Zahlen bezeichnen die Abbildungen

Über den Autor

Giselher Schubert, geboren 1944 in Königsberg/Ostpr., studierte Musikwissenschaft, Philosophie und Soziologie an den Universitäten in Bonn, Berlin und Zürich. 1973 Promotion mit einer Arbeit über Schönbergs frühe Instrumentation (Baden-Baden 1975). Seit 1973 Editionsleiter der Hindemith-Gesamtausgabe in Frankfurt a. M. Publikationen zur Musiksoziologie, Musikästhetik des 19. Jahrhunderts sowie Musikgeschichte des 20. Jahrhunderts. – Für die vorliegende Monographie konnte erstmals der von der Hindemith-Stiftung im Frankfurter Paul-Hindemith-Institut zugänglich gemachte und geordnete musikalische und theoretische Nachlaß Hindemiths eingesehen werden.

Quellennachweis der Abbildungen

Paul-Hindemith-Institut, Frankfurt a. M.: 6, 8, 9, 10, 11, 12, 13, 14, 15, 16, 17, 18, 19, 20, 22, 25, 27, 28, 29, 31, 34, 37, 38, 39, 40, 42, 43, 44, 45, 48, 51, 55, 59, 60, 63, 65, 67, 70, 72, 75, 81, 83, 87, 89, 90, 91, 92, 93, 94, 98, 99, 102, 108, 109, 110, 111, 115, 117, 118, 119, 121, 122, 124, 127, 128
Historia-Photo, Hamburg: 85
Keystone Pressedienst, Hamburg: 88
Ullstein-Bilderdienst, Berlin: 61, 62, 79

rowohlts bildmonographien

Thema Musik

rowohlt
bildmono
graphien

C 2055/6